裂隙岩体隧道稳定性分析方法与工程应用

贺 鹏　王 刚　王法军　孙尚渠　李为腾　著

中国建筑工业出版社

图书在版编目(CIP)数据

裂隙岩体隧道稳定性分析方法与工程应用/贺鹏等著. —北京：中国建筑工业出版社，2020.2（2022.3重印）
ISBN 978-7-112-24784-4

Ⅰ.①裂… Ⅱ.①贺… Ⅲ.①隧道工程-围岩稳定性-研究 Ⅳ.①U452.1

中国版本图书馆 CIP 数据核字(2020)第 018055 号

本书主要对隧道裂隙岩体中围岩稳定可靠性进行了系统分析与稳健评估。全书共分为 7 章，包括绪论、隧道裂隙岩体图像采集与结构信息多元解译、岩体质量不确定性分析与围岩等级鲁棒评定、考虑随机节理仿真模拟的围岩非连续变形分析、局部关键块体稳定可靠性分析与支护优化、隧道围岩变形响应预测与动态变更许可机制等内容。

本书可供隧道与地下工程、岩土工程科研、设计、施工技术人员参考，亦可作为本科、研究生教学参考用书。

责任编辑：杨　允
责任校对：王　瑞

裂隙岩体隧道稳定性分析方法与工程应用
贺　鹏　王　刚　王法军　孙尚渠　李为腾　著
*
中国建筑工业出版社出版、发行（北京海淀三里河路 9 号）
各地新华书店、建筑书店经销
北京科地亚盟排版公司制版
北京中科印刷有限公司印刷
*

开本：787×960 毫米　1/16　印张：9¼　字数：186 千字
2020 年 5 月第一版　2022 年 3 月第二次印刷
定价：50.00 元
ISBN 978-7-112-24784-4
(34976)

版权所有　翻印必究
如有印装质量问题，可寄本社退换
（邮政编码 100037）

前　　言

随着"西部大开发"及"一带一路"倡议的实施，我国交通基础设施建设迎来了巨大机遇与挑战。其中，在裂隙岩体地下工程修建领域，大体量塌方、渐进式围岩失稳、巨石垮落等地质灾害时有发生，虽然近几年针对隧道工程的勘察手段、理论模型、数值方法及评价体系等层出不穷，但围岩稳定可靠性作为隧道等地下工程修建的"老大难"问题仍未确切解决。"数据不完备的复杂地质系统与理论严密的力学模型之间严重脱节"已然成为确定性分析方法的"瓶颈"，单一的分析手段或确定性计算方法均无法获取稳健的评价结果。不同于纯粹的结构工程，有着比较明确的数学模型，裂隙岩体地下工程修建最为显著的特点就是岩体结构的不确定性问题。为此，本书紧紧抓住岩体结构的不确定性这一根本属性，从裂隙岩体结构信息的精确采集及多元解译入手，分别针对裂隙岩体整体围岩及局部关键块体，基于传统岩石力学、形态学、不确定性理论、数据挖掘以及系统控制理论等交叉学科，从不同的角度耦合多种分析方法与手段，对裂隙岩体隧道围岩稳定性开展综合、稳健分析与系统评估。

本书首先从隧道裂隙岩体结构信息的获取与解译入手，针对隧道昏暗、多尘、潮湿的特殊环境，通过现场试验比选了不同环境条件下岩体图像采集的最佳模式，实现了不同摄影量测图像采集模式的环境因素敏感性分析与采集设备的优化选型。此外，针对常规图像解译算法所提取信息不可表征或不可用之问题，充分考虑岩体结构自身几何特征，构建了集裂隙岩体结构信息线性成组提取、磁性追踪提取及形态学边缘检测于一体的多元解译系统，并以此开发了相应的岩体结构信息集成化平台。

其次，基于岩体结构统计信息，引入体系可靠度分析理论，通过分析岩石强度及岩体完整程度等评价指标的概率分布规律，构建了不同围岩等级的功能函数，经 Monte Carlo Simulation 法（MCS）计算围岩隶属于各评定等级的可靠概率，提出了基于国标 BQ 法的围岩亚级分级可靠度分析方法。依托国内最大双向八车道隧道群，开展了裂隙岩体隧道围岩亚级分级可靠性研究。此外，基于裂隙岩体图像处理与岩体结构多元解译系统，实现了岩体结构信息的多参数表征，并以上述围岩等级可靠性评定结果作为样本输出，构建了基于岩体结构信息多参数表征的围岩等级高斯过程分类（Gaussian process classification）模型，实现了围岩等级的快速、稳健评定。

为进一步分析隧道围岩的变形破坏特征，充分考虑数值建模中随机节理网络几何展布问题，基于 Sirvision V5.0 摄影量测系统获取老虎山隧道掌子面区域节理真实展布信息，经围岩分级对其围岩稳定性进行初判；其后采用 DDARF 对隧道围岩进行非连续变形分析，基于自主编制的 DDARF 节理网络前处理程序，通过实测信息对掌子面区域节理几何展布及力学参数进行动态修正，实现了工程岩体范围内确定性节理展布的仿真模型构建。基于该模型对围岩裂隙演化及变形破坏机制开展数值模拟，并与常规随机节理网络模型的计算结果进行了对比分析。此外，引入裂隙扩展率这一指标，对无锚与有锚支护下的岩体裂隙演化规律进行了定量化对比分析。同时，就隧道浅埋小净距段围岩，以裂隙扩展破碎区贯通与否作为中夹岩柱稳定性的评定依据，分别就无锚、系统锚杆支护、中夹岩柱水平加长锚杆支护三种工况下的围岩变形及裂隙扩展情况进行了比对分析。

再则，对裂隙岩体中局部块体失稳及其支护优化进行研究。将随机概率模型引入块体理论，采用 MCS 法进行随机模拟，对大小不等的块体形成概率及破坏概率进行计算，构建了块体的总失效概率评价模型。而就支护条件下关键块体稳定性分析功能函数复杂，无法快速计算其可靠指标问题，利用高斯过程回归理论（Gaussian process regression）构建响应模型逼近块体稳定性分析的显式功能函数，通过 Unwedge 程序获取关键块体的安全系数作为响应模型中的样本输出，并耦合 MCS 法，建立关键块体的 GPR-MCS 失效概率预测模型，由此对不同支护组合条件下的块体稳定可靠性指标进行了分析。同时，就岩土力学参数的变异性致使关键块体稳定性分析难以反映其真实安全性能和失效水平问题，基于 Info-Gap 理论对关键块体稳定性影响因素的不确定性程度提出了新的度量方法，建立了支护条件下关键块体稳定性评价的鲁棒可靠度指标，实现了针对关键块体失稳的主动防控与支护优化。

最后，以隧道本身作为一系统工程，将收敛位移作为裂隙岩体隧道围岩开挖过程中行为功能发出的宏观信息，构建"隧道围岩变形响应预测及变更许可机制"。充分利用已开挖段揭露围岩的先验分布信息，基于高斯过程回归理论，构建同一设计围岩等级区间段内岩体自然属性与变形间的映射模型，实现了对当前掌子面围岩变形收敛值的响应预测与动态智能反馈分析。以此作为隧道施工工法变更与否的先导判据，综合超前地质预报解译数据、现场围岩亚级分类结果以及初期勘探资料等多源异构信息，进行围岩稳定性状况的交互式耦合分析，进而构建了隧道变更的动态评估决策与施工许可机制，以实现隧道开挖工法与支护参数的动态调控。此外，利用揭露围岩信息的概率分布统计，耦合 GPR 与 MCS 法，对隧道设计等级区段内围岩变形的整体失效概率及可靠性评估进行了尝试性探索。

本书撰写以工程问题导向为初衷，旨在利用多学科的共性导向、交叉融通之优势，完善隧道裂隙岩体结构稳定可靠性分析方法，以期解决现场工程难题。期间借鉴了很多同行的宝贵经验，无论是评审专家、项目总工，还是技术人员、一线工人，均给予指导与灵感，在此表示衷心的感谢！

因时间仓促，水平有限，书中难免有遗漏和不足之处，一些论点和提法也值得商榷，恳请专家和读者批评指正。

目 录

第1章 绪论 ··· 1
  1.1 研究背景与意义 ··· 1
  1.2 国内外研究现状 ··· 2
      1.2.1 裂隙岩体结构信息提取与解译 ····················· 3
      1.2.2 隧道整体围岩稳定可靠性分析 ····················· 4
      1.2.3 隧道局部块体稳定可靠性分析 ····················· 8
      1.2.4 隧道工程智能反馈与系统评估 ····················· 9
  1.3 当前存在问题 ·· 10
  1.4 研究内容 ·· 11

第2章 隧道裂隙岩体图像采集与结构信息多元解译 ············· 14
  2.1 隧道内岩体图像设备采集模式优选 ························ 14
      2.1.1 隧道内施工环境参数量测 ··························· 14
      2.1.2 隧道内图像采集模式优选 ··························· 16
  2.2 裂隙岩体图像处理与常规识别方法 ························ 20
      2.2.1 裂隙岩体图像去雾增强处理 ······················· 20
      2.2.2 常规特征提取算法比对分析 ······················· 22
  2.3 裂隙岩体结构信息多元解译算法 ··························· 25
      2.3.1 线性成组提取 ··· 26
      2.3.2 磁性追踪提取 ··· 27
      2.3.3 形态学边缘检测 ··· 30
  2.4 集成化系统平台开发 ··· 32
      2.4.1 系统功能简介 ··· 32
      2.4.2 平台操作说明 ··· 32
  2.5 岩体结构信息统计与校验 ······································ 36
      2.5.1 岩体结构信息统计 ····································· 36
      2.5.2 岩体结构信息校验 ····································· 37
  2.6 本章小结 ··· 39

第3章 岩体质量不确定性分析与围岩等级鲁棒评定 ············ 40
  3.1 引言 ··· 40
  3.2 围岩亚级分级的可靠度分析 ·································· 41

3.2.1 围岩分级可靠度理念 ··· 41
         3.2.2 可靠概率计算模型 ··· 43
         3.2.3 工程应用 ··· 47
   3.3 基于多参数表征的围岩等级 GPC 模型 ······························ 53
         3.3.1 围岩等级高斯过程分类模型 ································· 53
         3.3.2 岩体结构信息多参数表征 ···································· 56
         3.3.3 实例验证 ··· 58
   3.4 本章小结 ·· 60
第 4 章 考虑随机节理仿真模拟的围岩非连续变形分析 ······················ 62
   4.1 引言 ·· 62
   4.2 基于双目立体摄影的节理信息仿真提取 ······························ 63
         4.2.1 节理信息仿真提取 ··· 63
         4.2.2 围岩等级可靠评定 ··· 67
   4.3 基于节理网络仿真模型的围岩非连续变形分析 ····················· 68
         4.3.1 DDARF 节理试件裂隙扩展试验 ···························· 68
         4.3.2 DDARF 节理网络仿真模型构建 ···························· 71
         4.3.3 工程应用Ⅰ—单洞 ··· 72
         4.3.4 工程应用Ⅱ—双洞 ··· 79
   4.4 本章小结 ·· 87
第 5 章 局部关键块体稳定可靠性分析与支护优化 ···························· 88
   5.1 引言 ·· 88
   5.2 无支护条件下块体可靠概率计算 ·· 89
         5.2.1 关键块体几何生成概率 ······································· 89
         5.2.2 关键块体滑动力学模型 ······································· 91
         5.2.3 实例验证与结果分析 ·· 93
         5.2.4 可动块体总体分布形态 ······································· 94
   5.3 支护条件下块体可靠性 GPR-MCS 响应模型 ························ 96
         5.3.1 高斯过程回归理论 ··· 97
         5.3.2 块体可靠概率 GPR 模型 ····································· 98
         5.3.3 样本空间数据获取与设计 ···································· 99
         5.3.4 工程应用与支护优化 ·· 103
   5.4 基于 Info-Gap 理论的关键块体鲁棒性支护设计 ···················· 107
         5.4.1 Information Gap 理论 ·· 107
         5.4.2 关键块体稳定鲁棒性评价模型 ····························· 108
         5.4.3 关键块体稳定鲁棒可靠度指标 ····························· 109

  5.4.4　实例验证与主动防控 ························· 110
 5.5　本章小结 ······································ 113

第6章　隧道围岩变形响应预测与动态变更许可机制 ············· 115
 6.1　引言 ·· 115
 6.2　数据挖掘模型及指标确定 ·························· 117
  6.2.1　围岩变形 GPR 响应模型 ······················ 117
  6.2.2　评定指标与标准选定 ························ 118
 6.3　隧道施工变更许可机制 ·························· 120
  6.3.1　隧道施工过程变更概述 ······················ 120
  6.3.2　动态变更许可机制构建 ······················ 121
  6.3.3　工程应用 ·································· 123
  6.3.4　区段围岩可靠性评估 ························ 127
 6.4　本章小结 ······································ 128

第7章　结语展望 ·· 130
参考文献 ·· 131

第1章 绪　　论

1.1 研究背景与意义

国家中长期发展规划中将交通基础设施建设摆在重要位置，而随着"西部大开发"及"一带一路"倡议的实施，也加快了我国交通基础设施建设的步伐。然而，机遇与挑战并存，复杂多样的地质条件对交通基础设施，尤其是隧道（洞）工程的修建带来了严峻挑战。在裂隙岩体隧道及地下工程修建领域，大体量塌方、渐进式围岩失稳、巨石垮落等地质灾害时有发生，由此导致的人员伤亡触目惊心，经济损失更是难以估量（见表1.1～表1.2）。因此，如何保证在裂隙岩体中隧道的安全、高效施工是各施工设计单位、科研单位面临的首要问题。

隧道施工过程围岩塌方典型案例统计　　　　　　　　　　　表1.1
The typical case statistics of collapse during tunnel construction　　Tab.1.1

工程名称	隧道名称	坍塌灾害事故情况
兰新铁路	小平羌隧道	喷浆作业时，拱顶突然发生坍塌，12名作业人员被掩埋致死
厦漳高速	雷公山隧道	拱顶水平层理突然塌方，4人死亡，2人受伤，直接损失240万元
织普高速	打括隧道	左洞掌子面发生坍塌，造成正在作业的7名工人被困、身亡
兰渝铁路	同寨隧道	局部不良地质体引起掌子面突然性片帮坍塌，2人死亡，5人受伤
黄延高速	墩梁隧道	导坑开挖过程中塌方量达200m³，现场3名作业人员掩埋致死
北京地铁10号线		施工断面局部塌方后，发生二次坍塌，直接导致6人死亡
内蒙古集包第二双线	新旗下营隧道	塌方体围岩破碎松散，事故发生后，既要处理大量的塌方体，又要及时破碎遇到的巨石，最终致使10人死亡

隧道施工过程巨石垮落典型案例统计　　　　　　　　　　　表1.2
The typical case statistics of rockfall during tunnel construction　　Tab.1.2

工程名称	隧道名称	巨石垮落事故情况
台缙高速	苍岭隧道	数千斤巨石坍塌，致使凿岩台车上作业工人2人死亡，3人受伤
厦门市区	钟鼓山隧道	刚爆破结束，巨石从11m高处滑落，砸伤3名工人，一人生命垂危
龙岩煤矿	连城矿井	重约5t的巨石，压断了4个木支架，掉落后压死2名工人
十天高速	郧县隧道	约7m长、3m高的巨石忽然坠下，造成5人死亡、6人受伤
成渝高速	中梁山隧道	数吨重巨石突然垮塌，砸毁施工现场挖掘机，当场致1人死亡
襄渝铁路	杨家沟隧道	一堆巨石一拥而下，砸在正在下面作业挖掘机，致1人被困死亡
阿尔及利亚东西高速T1隧道		隧道坍塌持续2h，造成右幅隧道内5辆车连续相撞，交通中断，造成了极其不良的社会影响

虽然近几年针对隧道工程的勘察技术、理论模型、数值方法及评价体系层出不穷，但围岩稳定性作为地下工程修建的"老大难"问题仍未确切解决，单一的分析、计算手段或确定性计算方法均无法获取稳健的评价结果。而数据不完备的复杂地质系统与理论严密的力学模型之间严重脱节已然成为确定性分析方法的"瓶颈"。

其实，事物的发展变化都是该事物内外影响因素综合作用的结果，其可用一定的数学模型进行表述：$y=f(x_1, x_2, x_3, \cdots, x_n)$。在裂隙岩体隧道围岩稳定性分析中，$y$ 可表示围岩稳定性状况，$x_1, x_2, \cdots, x_n$ 表示影响隧道围岩稳定性的各种因素。裂隙岩体隧道围岩稳定性问题的研究实际上就是对其影响因素的认识及稳定性情况与各影响因素之间关系模型的建立，可以说，裂隙岩体隧道围岩稳定性问题，实际上就是围绕上述展开的数学建模过程，实际问题解决得好不好，就是上式具体的关系模型是否反映实际情况。

然而，裂隙岩体隧道工程不同于纯粹的结构工程，有着比较明确的数学模型，作为一种非均质、非连续及非线性介质，其最为凸显的特性即是岩体结构的不确定性（不仅指岩土体地质、力学参数的不确定性，更是指岩体结构几何展布的不确定性），致使所建数学模型（无论是数字模型还是数值模型）分析结果均与工程实际差异较大。

为此，本书紧紧抓住岩体结构"不确定性"这一根本属性，从裂隙岩体结构信息的精确采集及多元解译入手，分别针对裂隙岩体整体围岩及局部关键块体，基于图形学、不确定性理论、非连续变形分析、数据挖掘与系统理论等交叉学科，从不同的角度耦合多种分析方法与手段，对其围岩稳定性进行综合、稳健分析与系统评估，为裂隙岩体中隧道工程的安全、快速、合理修建提供理论依据与工程指导。

1.2 国内外研究现状

对裂隙岩体结构的研究最早集中在矿山领域，大体量塌方、渐进性失稳、巨石垮落等造成大量人员伤亡及经济损失。其中，对裂隙岩体结构的信息获取、模型构建、可靠性分析、变形破坏特征、监测预警及防控减灾等一直是裂隙岩体中隧道工程修建的关键问题。为此，国内外众多岩土工程领域专家、学者结合工程实际攻坚克难，不断创新，在裂隙岩体隧道围岩的稳定可靠性分析与系统评估等方面均取得了系列研究成果。以下分别就裂隙岩体结构信息提取与解译、隧道围岩整体稳定性分析、局部块体稳定可靠性分析以及隧道工程智能反馈与系统评估四方面进行概述。

1.2.1 裂隙岩体结构信息提取与解译

地下岩土工程修建中频繁遭遇的围岩体失稳事件使人们逐渐意识到了结构面对围岩体稳定性、变形及其支护加固等的重要作用。谷德振教授（1979）曾对结构面与工程岩体稳定性的关系作过科学概括：即岩体的完整性取决于结构面的数量多少和性质；岩体的稳定性取决于结构面的几何形态和结构面的抗滑阻力。尤其是Ⅳ、Ⅴ级结构面，具有延展性差、数量巨大及随机性强的几何展布特点，在实际工程修建中直接影响着围岩体的稳定性。因此，全面、快速、准确地采集、解译岩体结构面的几何信息已成为围岩受力、变形分析、灾变演化及预测预警等一系列问题的前提与基础，也是隧道快速化施工的重要保障。近年来，国内外众多学者在裂隙岩体结构信息的获取、解译、模型重构等方面均取得了显著成果。

1. 在岩体结构信息获取方面

受众多条件限制，一般不允许专业地质人员在工程现场长时间对隧道揭露岩体进行量测，而目前国内多数仍以传统人工接触测量为主，该方法效率低、强度大，难以满足快速化施工需求。其他诸如三维激光扫法、钻孔等则分别存在成本高昂、解译困难或"以点带面"、耗时费力等诸多问题。相比之下，数字近景摄影量测采集方法以无需接触、信息全面、数学公式严密以及观测精度高等特点赢得了一致认可。目前，数字摄影量测技术在岩土工程领域的应用越来越广泛，对岩土工程领域信息化、数字化施工进程起到了极大地推动作用。但由于隧道等地下岩土工程本身昏暗、多尘的施工环境，以非接触摄影量测技术快速获取可靠的裂隙岩体信息尚存在一定难度。

2. 在岩体结构信息解译方面

Ross Brown 等[1]（1972）人较早提出了用摄影测量获取裂隙岩体图像，并对结构面产状等参数进行了研究；T. R. Reid 等[2]（2000）提出了岩体灰度图像不连续边界线半自动跟踪方法，并将该算法生成结果与人工素描图像进行了比对分析；范留明等[3]（2005）通过"几何变换 图像增强 智能识别 形状解析"对裂隙图像进行解释，提高了岩体裂隙调查与量测效率；周春霖等[4]（2008）将红外技术引入到隧道掌子面拍摄中，并采用霍夫变换对闭值分割所得图像进行线性特征识别；赵峰[5]（2009）以2D正直投影方式获取了裂隙岩体图像，并构建了一种全新纠偏方法来对其进行几何纠偏；冷彪[6]（2009）针对隧道掌子面地质图像以半自动方式提取了其层理、节理、断层等，基于时序掌子面信息构建了隧道3D地质结构预测模型；王凤艳、陈剑平等[7]（2012）通过立体几何及投影变换原理，构建了基于空间坐标的结构面3D模型及结构面产状解算模型；郑健[8]（2016）提出了岩体结构面几何参数计算的数字化方法。实现了结构面间距、迹长、密度及其产状参数的自动化获取。

3. 在岩体结构网络模型构建方面

近年来，贾洪彪、马淑芝等[9]（2002）利用随机网络模拟建立了岩体结构三维模型，并将其成功应用于岩体质量评定及隔离体搜索等领域；Merrien-soukatchoff等[10]（2012）开发了离散结构面网络编码—RESOBLOK，其中设计了两种生成器来建立确定和随机模型，通过其与分区交切方式耦合，实现了两种模型相结合的分析方法；吴顺川等[11]（2012）通过概率统计对节理展布信息进行统计分析、偏差校正，并构建了等效岩体随机节理三维网络模型；冯艳峰、杨天鸿等[12]（2013）耦合蒙特卡罗法与RFPA2D-DIP程序，实现了结构面网络向有限元网格的转化，进而构建了可反映材料细观结构的数值模型；郭亮、李晓昭等[13]（2016）在纯随机模型关键部位修正特征参数，并融入人工辨识的确定结构模式，构建了"随机-确定"耦合模型；王述红等[14]（2017）通过概率分布函数对结构面进行模拟，结合分布参数反演，采用三种不同的分布形式实现了随机性结构面模拟。

目前，大多数基于随机模拟所构建网络模型与工程实际仍有较大出入，而若通过多源手段、精密仪器来测定所有的、各级别节理、裂隙、断层等，构建精细的岩体仿真模型，则未免得不偿失、本末倒置，尤其是对隧道这种要求快速化施工的地下工程。模型的具体应用应从工程实际出发，后续模型的构建应是基于随机网络模型，进行确定性结构面信息的动态嵌入和拓展。模型构建应充分考虑工程问题本身，像诸如隧道这种每次进尺约2～5m的条带状工程，构建并分析其当下时序掌子面的二维模型也未必不是一种准确、高效的研究手段。

1.2.2 隧道整体围岩稳定可靠性分析

裂隙岩体隧道围岩稳定性是一个呈高度非线性的复杂力学问题，通常伴随着非均匀性、各向异性及非连续性变形等特点。影响围岩稳定性的因素主要有两类：天然地质条件和工程因素。其中天然地质条件包括地层地貌、地质构造、地应力场、地下水及岩体结构自身特征等；工程因素则包括隧道的断面尺寸、开挖工法、支护形式与施工技术及管理水平等。从研究对象的角度来讲，裂隙岩体隧道围岩稳定性问题可分为整体围岩稳定性和局部块体稳定性两方面；而从分析手段、方法来讲，整体围岩稳定性分析方法主要有经验类比等定性分析法，以及解析解、数值解等定量分析法；局部块体稳定性分析方法主要有赤平投影分析法、实体比例投影分析法等定性分析手段，以及块体理论等定量分析法。当然，也有针对岩体结构本身的不确定性，基于应用数学、计算机算法等开展的可靠度研究。以下针对裂隙岩体整体围岩及局部块体两研究对象，分别从定性、定量及可靠度角度对其研究现状进行概述。

1. 在围岩整体稳定性定性分析方面

围岩稳定性的定性分析主要包括成因历史分析法、工程地质类比法等，作为一种较为客观的评价结果,定性分析可为定量化分析提供一定的评定依据。其中,工程地质类比法是根据拟建隧道的水文地质条件、工程特性等,参考已建类似隧道工程,从工程地质角度出发对两者进行比对、归纳及分类,继而定性地判断工程区岩体稳定性状况。

围岩分级作为一种最为常用的工程类比法,对围岩稳定性分析以及后续施工工法、支护方案确定有重要的参考价值。而围岩分级评定方法也经历了从单因素到多因素,从定性到定量分析的过程。其中,单指标分级方法中最具代表性的当属 Deer 的 RQD 分类[15,16](1964),目前在国内外岩体质量分级中仍广泛应用。多因素并列分级综合考虑了几种岩体质量影响因素,现行规范、标准中均采用多因素并列分级法,且一般由回归分析建立模型,即通过对大量实际数据的归纳总结,利用统计方法得到回归模型,主要有积商模型与和差模型两类。典型的积商模型有国际岩石力学学会分类(ISRM,1981)、Barton 的岩体质量 Q 系统分类(1974)[17,18]、谷德振的岩体质量指标 Z 系统分类(1979)[19]、Palmstrom 的 RMI 系统分类(1995)[20]等;而诸如 Wickhamet 的 RSR 分类(1972),Bieniawski 的 RMR 分类(1973)[21]、Tesaro(1979)的 QTS 岩石分类法、陈德基等的块度模数(MK)法,以及《工程岩体分级标准》GB 50218、《水利水电工程地质勘察规范》GB 50287、《公路隧道设计规范》JTG D70、《铁路隧道设计规范》TB 10003 等则属于和差模型[22,23]。

随着对岩体质量评定模型认知的不断深入,建模方法也开始从单纯的现象学分类到基于数理统计、类比思想及机器学习等非线性理论分类过渡。目前,除上述回归分析法外,岩体质量评价主流模型有如下几种:

(1)基于统计分类的评价模型:主要有基于马氏距离和 Bayes 距离判别的评价模型。该方法是考虑样本的线性可分性或概率分布情况,通过对样本的学习,建立评价模型。宫凤强、李夕兵等[24,25](2007、2008)、王吉亮[26](2009)、闫长斌[27](2012)、范加冬、韩立军等[28](2012)分别以此进行围岩稳定性分析。

(2)基于灰色理论的评价模型:从岩体的不确定性角度出发,基于灰色理论建立的关系模型,主要有灰色聚类法和灰色关联度法,其建模关键是权重及白化函数的确定。比较具有代表性有徐光黎[29](1987)、李长洪[30](1995)、冯玉国[31](1996)、李俊宏等[32](2007)、周述达等[33](2016)。

(3)基于模糊数学的评价模型:从岩体的模糊性角度出发,基于模糊数学理论建立的关系模型,如模糊综合评判法、模糊优化归类模型及模糊聚类法等,其关键是权重及隶属度函数的确定。在陶振宇等[34](1981)首次引进模糊数学后,陆兆溱[35](1991)、陈守煜等[36](1993)、白明洲[37](1999)、曹文贵等[38](2007)均应用模糊综合评判法进行了岩体质量评定。

(4)基于可拓学的评价模型:与灰色理论一样是从岩体不确定性出发,构建围岩分级评价模型的，由于考虑了因素的类间差别，因此该法评判结果更符合工程实际。胡宝清等[39]（2000）、王彦武[40]（2002）、连建发[41]（2004）、原国红、陈剑平[42]（2005）、左昌群等[43]（2007）均采用可拓评判法进行了岩体分类评价。

（5）基于专家系统的评价模型：是根据专家经验对实际数据进行分析整理、总结规则，结合计算机技术模拟专家分析判断得出评价结果。其中张清等[44]（1989）的"铁路隧道围岩分类的专家系统"是国内最早的专家系统评价方法。随后，莫元彬[45]（1989）、韩凤山[46]（2002）、孙建国[47]（2003）、杨小永等[48]（2006）人在该邻域也取得了一系列成果。这种评价模型核心即是大量专家经验的不确定性处理。

（6）基于机器学习的评价模型：目前应用最广泛的主要有人工神经网络（ANN）与支持向量机（SVM），其中 ANN 是通过对样本点的精确逼近来构造映射关系，是一个由"点"到"面"的过程；而 SVM 则是通过一个非线性映射把原始样本空间转换成多维的线性空间，构造一最优超平面以利用线性判别法。冯夏庭等[49]（1993）首次建立了基于神经网络的岩体分级评价模型，随后，王明年[50]（1995）、赖永标[51]（2006）、赵洪波[52]、肖云华[53]等均将该类方法应用到围岩等级评定当中。

上述方法可以大致分为 3 类：①基于统计理论的评价模型，如基于回归分析、统计分类的评价模型和其他评价模型；②基于类比法思想的评价模型：基于模糊数学、灰色理论及可拓学的评价模型；③基于人工智能的评价模型：基于专家系统、ANN 和 SVM 的评价模型。可以说，这些方法的建模实际上就是一求参过程，而参数求解则均可转化成优化问题来解决。

2. 在围岩整体稳定性定量分析方面

隧道围岩稳定性定量分析是基于变形、应力、塑性区等特征，应用力学原理对围岩稳定性作出定量评价的，可大致分为解析解与数值解两大类。其中，解析法求解具有精度高、分析快和宜于进行规律性研究等优点，但由于其解析功能函数过于复杂，或是模型过多简化及假设，致使解析法能解决的实际工程问题有限。

数值模拟对定量化分析围岩体的受力、变形及破坏规律等问题具有重要作用。该方法不仅可解决非均质、非线性的围岩应力-应变问题，还可模拟各施工工法及支护条件对围岩稳定性的影响。常用数值方法主要有：有限单元法（FEM）、边界元法（BEM）、快速拉格朗日分析法（FLAC）、离散元法（DEM）、非连续变形分析法（DDA）等。其中，非连续变形分析法是由石根华博士[54,55]提出的分析块体运动和变形的一种数值方法，该方法基于最小势能原理建立系统方程，具有完备的块体运动学理论，该法将每个块体作为一个单元，块体间通过接触机构连接，通过分析其动态平衡，进而求解块体受力及变形。

当然，除了上述方法外，也有基于位移反分析、物理模型试验以及现场监控量测等来对围岩稳定性进行研究的。其实，作为一非线性动力学问题，围岩稳定状况在实际工程中还受到了诸多人为、时间等因素的影响。要对围岩稳定性问题有比较深入、全方位的理解，还需密切结合工程实际，走出专业思维定式，从岩土体结构本身的不确定性出发，用系统的方法进行研究。

3. 在围岩结构可靠性分析方面

随着可靠度理论在结构工程中的成功运用，其在隧道等地下岩土工程领域中的应用也越来越频繁。可靠度理论在国内隧道工程中的应用可追溯到20世纪90年代初，以关宝树[56]（1987）、景诗庭[57]（1988）、张清[58]（1990）、杨成永、张弥等[59]（1993）等为代表，就铁路隧道工程中可靠度应用展开的探索。随后，诸多学者对隧道及地下岩土工程可靠度问题提出了一系列分析方法、模型。以功能函数构建形式可分为显示功能函数型和隐式功能函数型。其中，当显示功能函数非线性程度较低时，其可通过可靠指标定义或一次二阶矩阵进行求解；而当非线性程度较高时，由于显示功能函数求导及展开分析等处理繁琐，致使其在工程应用方面受到严重限制[60]。

对无确切解析表达式的隐式功能函数，目前主要处理方法有Monte Carlo法、随机有限元法以及响应面法三类。其中，Monte Carlo法即是通过对各岩体结构信息的随机抽样进行确定性有限元计算，获得一定数量的样本输出，基于此对其进行概率分布统计，进而得到荷载效应统计特征来进行可靠度求解。随机有限元法则属于非统计逼近一类的方法，如常用的Taylor展开式或摄动技术的求解，其基本特点是在有限单元计算公式推导过程中直接考虑其随机特征。而响应面法依据实施流程不同可分为两类，一类是选择合适的响应面函数形式，由最小二乘原理求得响应面函数待定系数后，获取隧道受力的统计参数；另一类则是通过一定形式的响应面函数构建出显式功能函数表达式后计算可靠度。除传统的多项式模型响应面法外，其他诸如人工神经网络（ANN）、支持向量机（SVM）、高斯过程回归（GPR）等已然成为各类响应面建模的新近方法。如：徐军等[61]（2003）引入ANN构建隧道围岩极限状态方程，采用可靠指标优化技术研究了某地下隧洞可靠度；赵洪波等[62]（2009）引入SVM构建了隧道拱顶形变与随机变量间响应关系，基于FORM法求解某地下隧道围岩可靠度；苏永华等[63]（2010）基于SVM理论建立了收敛变形与岩体力学参数间响应模型，并计算了在变形准则下隧道围岩的破坏概率；李典庆等[64]（2012）提出了地下洞室变形可靠度分析的非侵入式随机有限元法，比之于传统的蒙特卡罗法，其计算效率得到了极大提高；苏国韶[65]（2015）构建了高斯过程动态响应面法，该法适用于具有隐式功能函数且计算代价较高的复杂工程结构非概率可靠度分析。此外，非概率可靠度计算法也逐步在隧道工程领域中有所应用[66-68]。

1.2.3　隧道局部块体稳定可靠性分析

块体稳定性定性分析主要有赤平投影分析法、实体比例投影分析法与块体结构的矢量解析方法。而定量分析方法则主要以块体理论为代表，块体理论是由石根华于20世纪80年代初提出的，有别于连续或非连续数值分析方法中对变形、应力分布等的研究，块体理论将工程岩体看作各结构面共同切割下形成的块体组合，运用矢量分析与全空间赤平投影法，分析岩体内构成的块体类型及其可动性，并可求算出各类失稳块体受力情况，为工程加固方案比选提供设计依据。

然而，由于岩体结构信息获取及所建模型的不确定性，确定性分析手段很难对块体的稳定性状况作出可靠评估。针对构成块体边界的结构面几何要素及物理力学参数的不确定性特征，国内外许多学者对块体可靠度问题也开展了不少有益探索。

在国外块体可靠度分析领域，Mauldon M[69]（1995）最先计算了两结构面条件下关键块体的失稳概率；Kuszmaul J. S[70]（1999）通过节理分布形式对关键块体的大小进行了预测；Tonon F[71]（2000）引入随机理论对块体进行分析，得出了岩块大小及其失稳概率的关系表达式；Starzec P 等[72]（2002）基于断裂分析，采用两阶段设计法对关键块体的统计敏感性进行了分析；Mehdi B 等[73]（2011）分析了不同地应力条件下块体的失效模式及其处置方法，并指出：拥有的关键信息越多，其不确定性分析结果越趋于精确。

在国内块体可靠度分析领域，王英学[74]（1999）在考虑结构面随机分布与尺寸效应的前提下对块状岩体进行了可靠性计算；王渭明[75]（2000）研究了结构面几何参数的随机变化对块体出现概率的影响；张奇华[76]（2004）考虑了块体几何分布与力学参数的不确定性，将结构面倾角及力学参数作为随机变量对块体可靠度进行了分析；孙树林等[77]（2007）通过块体分区建立了分界边长与破坏概率的关联模型，就分界间隔对块体破坏概率偏差的影响展开了分析；申艳军[78]（2011）等基于系统评价方法，通过推导块体系统可靠度功能函数对块体系统失稳概率进行了分析；张瑞新等[79]（2014）同时考虑了结构面几何及力学参数的随机性，对块体稳定的总失效概率进行了分析；王存银、王述红等[80]（2016）以失效块体体积占所有不稳块体体积之比作为开挖面稳定与否的评定指标，提出了基于不稳定块体失效概率的开挖面稳定性分析方法。

裂隙岩体工程的可靠性研究，应借鉴确定性分析的研究方法、经验，开展可靠度分析与确定性分析并行的研究路线。事实上，正是确定性分析在变量统计、变形机理、稳定性计算等方面的发展，为不确定性分析奠定了基础。确定性分析与不确定性分析方法的两两结合，不仅有利于可靠度分析方法本身的发展，而且也使人们逐步意识到确定性分析的局限性，促进隧道等地下岩土工程设计逐步向可靠度方法过渡。

1.2.4 隧道工程智能反馈与系统评估

隧道围岩体与支护体系是一个高度非线性的、不断变化的、难度自增值的复杂系统，而由于获取信息与数据方面的限制，裂隙岩体隧道围岩力学行为、变形及其破坏机理均存在着相当程度地不确定性与不确知性。尽管力学分析与数值模拟仍是求解裂隙岩体隧道围岩稳定性问题的主流分析方法，但它并非唯一研究手段。隧道岩体开挖支护的反馈分析与系统评估即是以现场直接或间接获得的多源数据为基础，利用逆反分析与控制系统理论，直接反映、调整工程设计，优化支护方案，旨在以最经济合理的方式保证隧道的安全施工。反馈信息可分为施工前地质勘测信息、开挖过程中揭露岩体地质信息，以及施工中围岩与支护体系的作用行为信息等。其中，隧道围岩位移变化中隐藏着围岩系统发展演化的重要信息，且量测简单易行，很多学者在位移预测与信息反馈方面进行了研究，展现了其在地下工程稳定性方面的独到之处。同时，随着人工智能、数据挖掘、控制理论与控制工程等交叉学科的高速发展，也为隧道工程的智能反馈分析与多元、系统评估提供了坚实的理论基础与技术平台，使得智能反馈与系统评估在隧道及地下岩土工程领域得到了越加广泛地应用。

1984年，H. H. Einstein等首先发表了题为《人工智能在岩石力学中应用》的论文；次年，Fairhurst结合模糊数学与专家系统用以解决隧道围岩支护问题。在国内，张清率先将人工智能理论引入到岩土工程领域，对岩石力学行为进行了预测[81]。于学馥等[82]（1995）提出了"开挖系统智能控制"理念，指出智能控制既需从控制理论的角度借助数学模型进行量化分析，也需结合人工智能与现场实际，基于"知识模型"进行定性分析。朱维申[83]（1995）结合现场实际深入研究岩石工程的施工、开挖过程，提出了岩体动态施工力学理论。冯夏庭等[84]（1997）应用数据挖掘理论构建了地下工程岩体力学综合集成智能分析法，并着重对智能岩层控制系统模型、不确定性推理方法、岩体区域等价本构模型的自适应识别方法等进行了探讨。徐卫亚等[85]（2000）基于水布垭地下洞室围岩开挖、支护及软岩处理措施，提出了一套地下岩土体工程反馈设计信息化施工方法与技术。冯夏庭等[86]（2001）基于大量工程实例，利用数据挖掘提取工程实例数据中的内在关联信息，进而对类似条件下围岩稳定状况进行评判。李世辉[87]（2002）指出围岩-支护系统作为一种开放的巨系统，采用地下工程半经验半理论设计理论是必要的，并基于隧道软弱围岩工程新奥法施工经验提出了典型类比分析法。朱合华[88]（2002）提出了一套针对复杂地质条件下大断面公路隧道的施工信息化方法，并在施工中进行了推广应用。

孙钧[89]（2005）经多年研究与实践后再次指出："将现场工程监测—模型识

别—支护效果预测—支护设计改进这样一个闭环系统作为施工的一个重要环节，对于提高施工与支护的科学性，无疑有着重要的意义"。冯夏庭[90]（2007）提出了岩石力学模型与参数综合智能反分析的几种新方法：岩石力学参数智能反演、岩石本构模型的结构及参数耦合智能识别及演化并行有限元反分析等。Sotirios S. Vardakos 等[91]（2007）借助 UDEC 程序，对清水 3 号隧洞施工过程进行了反馈分析，并指出由于围岩局部不稳定多受局部地质构造约束，局部稳定的动态反馈更要求具体化、快速化。李仲奎等[92]（2010）通过对锦屏一级水电站地下厂房洞室群开挖顺序、支护参数等的优化，系统研究了洞室群施工监测与反馈信息，并对洞室群围岩稳定性进行合理评价与预测。姜谙男等[93]（2013）采用支持向量机建立参数与位移的非线性映射，通过耦合 SVM 与粒子群优化算法实现了全局最优解的快速、高效搜寻，并在隧道建设反馈分析中进行了应用。

1.3 当前存在问题

隧道及地下岩体结构物的稳定性研究，不同于纯粹的结构工程，有着比较明确的数学模型，裂隙岩体最为显著的特点就是岩体结构的不确定性问题，不仅包括裂隙岩体力学参数的不确定性，更是指裂隙岩体结构几何展布的不确定性。也正是由此，产生了包括裂隙岩体信息获取、模型重构、稳定可靠计算、变形破坏规律、风险评估及临灾预测预警等一系列有关隧道工程修建方面的难题。虽然目前在上述各领域均取得了显著成果，但仍存在如下几个关键问题。

（1）岩体结构信息的获取与解译。随着非接触摄影量测技术、图像处理、特征提取算法的不断革新，图像采集及信息解译技术渐趋成熟。但由于隧道工程昏暗、多尘、潮湿的施工环境，快速、高效地采集序列掌子面岩体图像并非易事。此外，由于岩体结构信息本身的随机性与模糊性，致使裂隙岩体结构信息提取尚停留在人工或半自动化程度，解译效果不理想或不可用，无法很好地为隧道工程的快速修建提供数据支撑。而无论是围岩等级评定还是裂隙岩体中隧道模型的构建及其可靠性分析与评估，其首要工作即是对岩体结构信息的精确获取、解译与统计分析。

（2）裂隙岩体隧道围岩的稳定可靠性分析。由于裂隙岩体结构本身（包括几何展布与力学参数）的不确定性、变异性，以及人为认知、模型简化等主观因素，致使所构建数学分析模型（无论是数字模型还是数值模型）均与工程实际存在差异，数据不完备的复杂地质系统与理论严密的力学模型之间严重脱节成为确定性分析方法的"瓶颈"，且单一的分析手段或确定性分析方法均无法获取稳健的计算结果。因此，需从岩体结构不确定性属性的本身出发，分别针对裂隙岩体整体围岩及局部关键块体，基于不确定性理论、非连续变形分析、控制工程与系统理论，从不同的角度耦合多种分析方法与手段，对裂隙岩体隧道围岩稳定性展开系统、稳健的分析。

（3）隧道工程的智能反馈与系统评估。多数情况下，隧道工程设计单位是基于已有规范，并以全国各地已修建的同类隧道之经验来对某未开挖隧道进行工程类比，却忽略了隧道本身也是一个完整的自系统工程，其影响因素是多方面、多层次的。但是现有的隧道工程的风险评估模型由于面向对象是全国各地不同的隧道工程，需全面、综合地考虑围岩稳定性及其质量评定的各影响因素及工程可行性，因此所建数学模型的评定标准或评估结果多是在等级区间层面上的，具有很好的普适性，但相对来讲比较宽泛。而就具有鲜明特色的某隧道而言，很难做到具体问题具体分析，实现对具体工程的针对性指导。如何利用已开挖岩体的先验分布信息及监测数据，在既定工程影响效应水平下，挖掘岩体自然属性与围岩变形间的响应协调关系，进而实现围岩稳定性的动态评定与施工协同控制，还尚未有深入研究。

1.4 研究内容

岩体结构本身的不确定性及随机性，致使裂隙岩体中隧道围岩的失稳模式多样，模型构建困难，稳定性计算结果鲁棒性不高，为此，本书紧紧抓住岩体结构的不确定性这一根本属性，从裂隙岩体结构信息的精确采集及多元解译入手，分别针对裂隙岩体整体围岩及局部关键块体，基于传统岩石力学、形态学、不确定性理论、数据挖掘以及系统控制理论等交叉学科，从不同的角度耦合多种分析方法与手段，对裂隙岩体隧道围岩稳定可靠性开展以下 5 方面研究：

（1）裂隙岩体图像采集与结构信息多元解译：针对隧道昏暗、多尘、潮湿的特殊环境条件，开展在不同亮度条件、不同粉尘浓度下运用正常拍照、红外拍照不同波段、红外补光不同波段三种模式的隧道裂隙岩体图像采集工作，比选不同环境条件下岩体图像采集的最佳模式，实现不同摄影量测图像采集模式的环境因素敏感性分析与采集设备的优化选型，从设备层上提升图像采集质量，并提出专门针对隧道岩体图像的去雾增强预处理算法。此外，针对常规图像解译所提取信息模糊、不可表征等问题，从岩体结构不确定性本身出发，基于直线检测、智能剪刀、图像形态学及梯度运算等，构建集裂隙岩体结构信息线性成组提取、磁性追踪提取及形态学边缘检测于一体的多元解译系统，并以此开发相应的岩体结构信息数据集成化平台。

（2）岩体质量不确定分析与围岩等级鲁棒评定：引入体系可靠度分析理论，通过分析岩石强度及岩体完整程度等评价指标的概率分布规律，构建不同围岩等级的功能函数，经 Monte Carlo Simulation（MCS）法计算围岩隶属于各评定等级的可靠概率，提出基于国标 BQ 法的围岩亚级分级可靠度分析方法。依托济南绕城高速老虎山超大断面隧道，开展了裂隙岩体隧道围岩亚级分级可靠性研究。此外，基于裂隙岩体图像处理与解译算法，构建岩体结构信息的多参数表征体系，并以上述围岩等级可靠性评定结果作为样本输出，构建相应学习与训练样本集，引入高斯过程分类理论（GPC），构建了基于多参数表征的围岩等级 GPC 评定模型，实现了裂隙岩体中围岩等级的快速、稳健评定。

（3）考虑随机节理仿真模拟的围岩非连续变形分析：基于 SirvisionV5.0 摄影量测获取老虎山隧道掌子面区域节理、裂隙真实展布信息，经围岩分级对其围岩稳定性进行初判；其后采用 DDARF 法对老虎山隧道进行非连续变形分析，编制 DDARF 节理网络前处理程序，以实现真实节理的 MCS 法自动生成，通过实测节理信息对掌子面区域节理展布及相应力学参数进行动态修正，实现工程岩体范围内确定性节理展布的仿真模型构建。基于该模型对围岩裂隙演化及变形破坏机制开展数值模拟，并与常规随机节理网络模型所得计算结果进行对比验证。此外，针对隧道拱顶及拱肩的块体塌落现象，引入裂隙扩展率这一指标，对无锚与有锚支护下的岩体裂隙演化规律进行了定量化对比分析。同时，就大岭隧道浅埋小净距段，以裂隙扩展破碎区贯通与否作为中夹岩柱稳定性的评定依据，分别就无锚、系统锚杆支护、中夹岩柱水平加长锚杆支护三种工况下的围岩变形及裂隙扩展情况进行比对分析。

（4）局部关键块体稳定可靠性分析与支护优化：针对结构面几何与力学参数随机分布导致岩体系统不确定性问题，把随机概率模型引入块体理论，采用蒙特卡罗法进行随机模拟，对大小不等的块体形成概率及破坏概率进行计算，构建块体稳定的总失效概率评价模型。针对支护条件下关键块体稳定性功能函数复杂、无法快速计算其可靠指标问题，利用高斯过程回归理论（Gaussian process regression）构建响应模型逼近块体稳定性分析的显式功能函数，以正交试验设计构建样本空间，通过 Unwedge 程序获取关键块体的安全系数作为响应模型中的样本输出，并耦合 MCS 法，建立关键块体失效概率的 GPR-MCS 预测模型，由此对不同支护组合条件下的块体稳定可靠性指标进行分析。同时，就裂隙岩体力学参数的变异性致使关键块体稳定性分析难以反映其真实安全性能和失效水平问题，基于 Info-Gap 理论对确定关键块体稳定性影响因素的不确定性程度提出新的度量方法，建立支护条件下关键块体稳定性评价的鲁棒可靠度指标。

（5）裂隙岩体隧道围岩变形响应预测及变更许可机制：充分利用已开挖段揭露围岩的先验分布信息，基于高斯过程回归理论（GPR），构建同一设计围岩等级区间段内岩体自然属性与变形间的映射模型，实现对当前掌子面围岩变形收敛值的响应预测与动态智能反馈分析。以此作为隧道施工工法变更与否的先导判据，综合超前地质预报解译数据、现场围岩亚级分类结果以及初期勘探资料等多源异构信息，进行围岩稳定性状况的交互式耦合分析，进而构建隧道变更的动态评估决策与施工许可机制，以实现隧道开挖工法与支护参数的动态调控。此外，利用揭露围岩信息的概率分布统计，耦合 GPR 与 MCS 法，对隧道设计等级区段内围岩变形的整体失效概率及可靠性评估进行了尝试性探索。

第 2 章　隧道裂隙岩体图像采集与结构信息多元解译

就裂隙岩体隧道工程的修建，岩体结构信息是后续岩体质量评定、网络模型构建、裂隙演化规律、围岩非连续变形、动态风险评估等系列岩体力学、变形问题的数据支撑，也是隧道快速化施工的重要保障。然而，不同于地上工程，虽然非接触摄影量测技术与计算机图形学的飞速发展为其提供了有力工具，但由于隧道工程昏暗、多尘、潮湿的特殊环境，快速、高效地采集序列掌子面岩体图像并非易事。同时，岩体本身作为一种混沌介质，岩体结构面表现为分布随机、形态各异，其组合形式更是千差万别，虽然目前就岩体图像处理及特征提取方面的研究不在少数，但该问题仍未有效解决。为此，本章针对隧道特有环境条件，探究不同摄影量测图像采集模式的环境因素敏感性与采集设备的优化选型，以期在设备层上提升图像采集质量，并提出了专门针对隧道岩体图像的去雾增强预处理算法。此外，从岩体结构不确定性本身出发，基于直线检测、智能剪刀、图像形态学及梯度运算等，构建了集裂隙岩体结构信息线性成组提取、磁性追踪提取及形态学边缘检测于一体的多元解译系统，并以此构建了相应的岩体结构信息数据集成化平台。

2.1　隧道内岩体图像设备采集模式优选

前述研究现状中已对目前岩体图像非接触式摄影量测技术的优缺点作了简要分析，此处不再赘述，本章以数码摄影量测作为我们岩体图像获取的基本手段。隧道内环境因素值的变化对图像采集质量会造成不同程度影响，所谓知己知彼，如何测定隧道内不同施工工序下的环境参数区间并实现量化表征，是数码摄像采集模式环境因素敏感性分析与采集设备靶向性设计优化的前提，以期在设备硬件层面上提升图像采集质量。

2.1.1　隧道内施工环境参数量测

一般来讲，隧道中敏感性环境因素主要包括光线亮度、粉尘浓度以及空气湿度三方面，可通过照度计、粉尘浓度检测仪及湿度计分别对其参数进行量测。考虑隧道各施工阶段环境差异较大，故需获取不同施工阶段的环境参数，实现隧道施工全过程环境参数的量化表征（其中，具体布设方案参考文献［94］，此处不再赘述)。在进行隧道内环境参数量测中,利用照度计测试各施工工序掌子面区域光照强度变化;以粉尘浓度仪、温湿度计分别量测各施工工序粉尘浓度及温湿度变化,现场测试过程如图 2.1 所示。

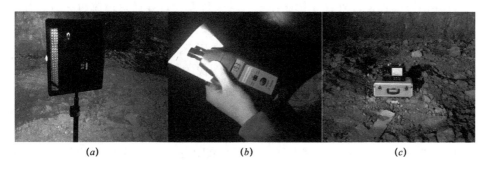

图 2.1 环境参数量测

Fig. 2.1 Environmental parameters measurement

(a) 光照强度量测;(b) 湿度参数量测;(c) 粉尘浓度量测

隧道各施工阶段光照强度、湿度及粉尘浓度量测值如图 2.2 及表 2.1 所示。通过所量测各施工工序掌子面附近光照强度值(为保证数据的可靠性,量测多个连续循环对应工序)可知:出渣阶段光照条件最差,能见度最低,其他时段光照条件相近,光照强度集中在 25~40lx 区间内;而隧道内湿度主要在钻孔清洗及喷射混凝土层时起伏较大。

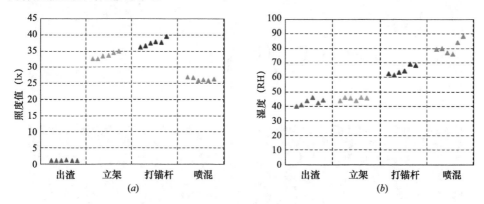

图 2.2 各工序光照强度及湿度量测值

Fig. 2.2 Illumination intensity and humidity value during different tunnel construction process

(a) 光照强度测试;(b) 湿度测试

粉尘浓度量测值 表 2.1

Measurement value of dust concentration Tab. 2.1

施工工序	立架后	打炮孔后	出渣排险后	喷锚后
粉尘浓度(mg/m^3)	0.20~0.40	0.80~1.0	1.20~1.50	1.80~2.50

2.1.2 隧道内图像采集模式优选

考虑隧道内环境复杂性及采集设备环境适应性问题，分别设定正常拍照模式、红外拍照模式及红外补光拍照模式三种采集模式，并通过清晰度来评定所采集图像质量，以无参考图像评定来衡量采集模式对图像质量的影响程度。其中，图像灰度选用方差函数评定、图像频率方面选用 FFT 变换方法对图像清晰度进行评定[94]，以确定不同环境条件下隧道岩体图像的最佳采集模式。

1. 光照强度控制条件下图像采集结果分析

为尽量保证光照强度敏感性试验结果的鲁棒性，拍摄时机均选在立架后喷锚前这一时段（粉尘浓度范围为 0.20～0.40mg/m³）。照明设备采用光照强度可控的便携 LED 灯，试验分别测试上述三种采集模式下亮度对采集图像的影响，并基于方差函数及 FFT 图像变换方法获取图像评价指标，进而确定在光照强度为无补光（0～10lx）、弱补光（10～100lx）、中补光（100～200lx）及强补光（200～300lx）条件下的最优图像采集模式。

以中补光条件为例（见图 2.3～图 2.4），在正常拍照及红外拍照红外补光模式下清晰度指标较高，正常拍照采集质量最优，其次为 760mm 及 850mm 波段红外补光采集模式；而在无红外补光条件下，影响红外拍摄效果主要还是外部光照。

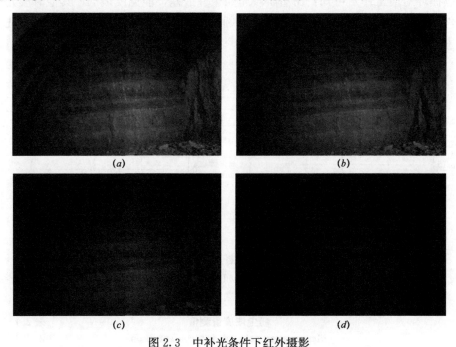

图 2.3　中补光条件下红外摄影

Fig. 2.3　Infrared photography with middle fill-in light condition

(a) 正常拍照；(b) 590mm；(c) 720mm；(d) 760mm

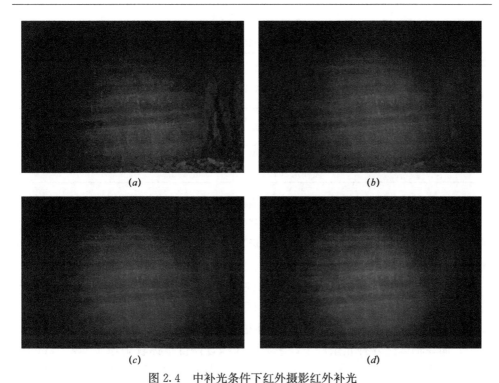

图 2.4 中补光条件下红外摄影红外补光

Fig. 2.4 Infrared photography with middle fill-in infrared light condition

(a) 590mm; (b) 720mm; (c) 760mm; (d) 850mm

不同光照强度条件下采集图像综合评定指标如表 2.2 所示。由此可见，比之于弱补光模式，强补光条件下各采集模式所得图像之评价指标均有所提升，外部光照条件的改善对图像采集质量有较大影响；在红外采集模式下，红外补光必不可少，且波段的选取对其采集效果也有影响。建议采集模式选择结果如表 2.3 所示。

不同补光条件下综合评价指标　　　　　　　　　表 2.2
Comprehensive evaluation indices with different fill-in light condition　Tab. 2.2

条件	评价方法	正常拍照	红外 590mm	红外 720mm	红外 760mm	补光 590mm	补光 720mm	补光 760mm	补光 850mm
无补光	方差函数	—	—	—	—	32.21	28.63	31.90	31.79
	FFT 变换	—	—	—	—	1.23e14	1.27e14	1.35e14	1.37e14
弱补光	方差函数	31.03	29.16	4.22	1.11	30.99	32.66	31.04	31.86
	FFT 变换	1.29e14	7.37e13	1.97e12	4.78e11	1.10e14	1.50e14	1.45e14	1.22e14
中补光	方差函数	36.03	32.92	19.69	5.76	30.60	32.11	31.47	33.88
	FFT 变换	1.32e14	6.52e13	3.16e13	3.24e12	1.06e13	1.28e14	1.31e14	1.30e14
强补光	方差函数	36.29	33.46	29.89	9.21	31.86	30.54	31.88	33.82
	FFT 变换	1.37e14	1.05e14	8.0e13	6.89e12	1.04e14	1.15e14	1.33e14	1.46e14

光照控制条件下采集模式选择 表 2.3
Collection mode selection with different light condition Tab. 2.3

施工工序	粉尘浓度（mg/m³）	光照强度（lx）	采集模式	波段选择
立架后	0.20~0.40	无补光 0~10	红外补光	760mm/850mm
			红外拍照	
		弱补光 10~100	红外补光	720mm/760mm
			红外拍照	
		中补光 100~200	正常拍照	—
		强补光 200~300	正常拍照	—

2. 粉尘浓度控制条件下图像采集结果分析

不同施工工序隧道的粉尘浓度差异显著，试验中选取打炮孔后爆破前、出渣排险后立架前、立架后喷锚前以及喷锚后四个阶段进行测试，光照强度均为强补光模式，同样采用正常拍摄、红外拍摄、红外拍摄加红外补光三种采集方式。

由于光照强度试验均在立架工序条件下进行，上节已对其进行了试验分析。此处以出渣后图像采集为例（见图 2.5~图 2.6），经测试其粉尘浓度大概在 1.20~1.50mg/m³ 之间。相对正常拍照，红外拍摄由于截止光线进入较多，图像整体偏暗；而在辅以红外补光条件下，采集图像综合评价指标较高，尤其是 720mm、760mm 波段，可消除部分粉尘影响，其评定指标值均高出正常拍照所采集图像。

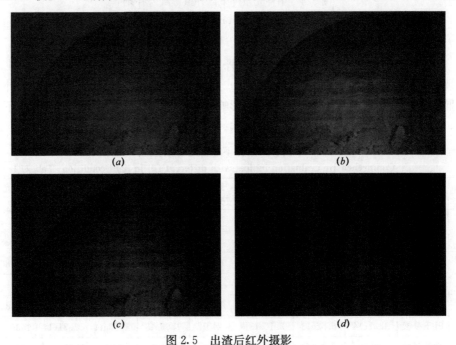

图 2.5 出渣后红外摄影

Fig. 2.5 Infrared photography after slagging

(a) 正常拍照；(b) 590mm；(c) 720mm；(d) 760mm

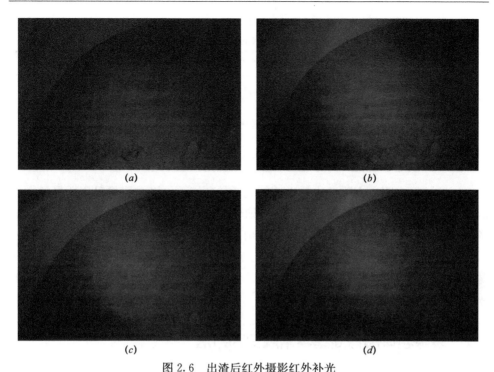

图 2.6 出渣后红外摄影红外补光

Fig. 2.6 Infrared photography with infrared light condition after slagging

(a) 590mm；(b) 720mm；(c) 760mm；(d) 850mm

不同施工阶段（粉尘浓度）条件下采集图像清晰度综合评定指标如表 2.4 所示。由此可见，在立架、打钻阶段粉尘浓度较低，可直接选取正常拍摄，其次为红外拍摄红外补光模式高波段采集；而在出渣或喷锚时段，粉尘起着主导作用，红外光线的穿透特性直接决定所采集图像质量。建议采集模式选择结果如表 2.5 所示。

不同施工阶段（粉尘浓度）条件下综合评价指标　　　　表 2.4

Comprehensive evaluation indices with different construction process　Tab. 2.4

工序	评价方法	正常拍照	红外 590mm	红外 720mm	红外 760mm	补光 590mm	补光 720mm	补光 760mm	补光 850mm
打钻	方差函数	29.78	27.23	26.54	10.29	29.17	29.38	27.93	29.60
	FFT 变换	1.46e14	1.06e14	7.8e13	7.39e12	1.06e14	1.23e14	1.45e14	1.42e14
出渣	方差函数	22.56	21.43	18.92	5.83	23.52	24.70	24.38	25.28
	FFT 变换	1.12e14	1.06e14	4.2e13	4.68e12	1.10e14	1.40e14	1.51e14	1.13e14
立架	方差函数	36.29	33.46	29.89	9.21	31.86	30.54	31.88	33.82
	FFT 变换	1.37e14	1.05e14	8.0e13	6.89e12	1.04e14	1.15e14	1.33e14	1.46e14
喷锚	方差函数	25.09	23.30	21.82	6.07	26.79	28.56	30.07	20.15
	FFT 变换	1.12e14	8.11e13	3.75e13	3.0e12	1.24e14	1.24e14	1.35e14	7.33e13

粉尘浓度控制条件下采集模式选择 表 2.5
Collection mode selection with different dust concentration condition Tab. 2.5

施工工序	粉尘浓度（mg/m³）	光照强度（lx）	采集模式	波段选择
立架后	0.20~0.40	强补光 200~300	正常拍照	暂无
打钻后	0.80~1.0		正常拍照	暂无
出渣后	1.20~1.50		红外补光红外拍照	720mm、760mm
喷锚后	1.80~2.50		红外补光红外拍照	720mm、760mm

试验结果表明：在隧道内粉尘浓度较低的环境下，影响图像采集质量的主导因素为光照条件，通过正常拍照即可获取较清晰岩体图像；而在粉尘浓度较高的环境下，粉尘浓度对图像采集有较大影响，在保证红外补光条件下，各波段红外采集相对正常拍照所得图像质量更高，尤其是在 720mm、760mm 波段所获取图像效果最佳。此外，在光照强度较低的条件下，红外补光红外拍照模式相对其他采集模式而言更具优势。

2.2 裂隙岩体图像处理与常规识别方法

针对隧道内昏暗、多尘、潮湿等特殊环境引起的采集图像亮度不均、模糊、噪声过大等问题，上述已通过对采集模式环境因素敏感性及采集设备的优化设计比选进行了分析，可以说在设备、技术层面上提升了图像采集的质量。而如何在所采集图像的基础上，通过噪声去除、图像增强等系列图像处理算法进一步提高图像质量，是后续开展图像分割、边缘检测等的重要前提。其中，对于图像灰度变换、滤波降噪等算法本章不再作过多介绍，考虑所采集图像一般为多尘、潮湿的隧道掌子面裂隙岩体图像，此处仅就图像去雾增强算法及后续岩体结构信息的边缘检测算法作简要分析。

2.2.1 裂隙岩体图像去雾增强处理

裂隙岩体图像可以用函数 $f(x, y)$ 表征，x、y 为图像的空间坐标，f 为对应的相关幅值。图像增强即依据特定需求凸出其中的关联信息值，并减弱某些不必要信息的图像处理技术[95]，可分为频域处理与空域处理两类。本节主要介绍空域直方图增强算法。

作为图像的一种统计表达形式，图像直方图与其视觉效应有着一一对应的关系，变换或调整图像直方图形状会对其显示效果影响显著。其核心思想是把原图像的灰度统计直方图变换为均匀分布形式，通过提高像素灰度值的动态区域来增强图像的对比度。该算法主要包括以下三个步骤：

(1) 预处理。输入图像计算其直方图。

(2) 灰度变换表。依据图像直方图计算灰度值变换表。

(3) 查表变换。执行变换 $x' = H(x)$，即对预处理中所得直方图使用灰度值变换表进行查表变换操作，通过遍历图像的每一像元，将原始灰度图像变换值 x 放到变换表 $H(x)$ 中，即可得到变换后的新灰度值 x'。

由于基于全局直方图、局部直方图的图像去雾算法在理论及实现上相对简单，故本章采用 Retinex 增强算法来进行直方图去雾。该算法可平衡灰度动态范围压缩、图像颜色恒常与图像增强三标准，进而实现隧道原始掌子面岩体图像的自适应性增强。其部分核心代码如下所示。

```
function In = RemoveFogByRetinex(f,flag)
ifnargin<2
    flag = 1;
end
fr = f(:,:,1);
fg = f(:,:,2);
fb = f(:,:,3);
mr = mat2gray(im2double(fr));
mg = mat2gray(im2double(fg));
mb = mat2gray(im2double(fb));
alf1 = 1458;
n = 161;
n1 = floor((n+1)/2);
for i = 1:n
    for j = 1:n
        b(i,j) = exp(-((i-n1)^2 + (j-n1)^2)/(4*alf1))/(pi*alf1);
    end
end
nr1 = imfilter(mr,b,'conv','replicate');
ng1 = imfilter(mg,b,'conv','replicate');
nb1 = imfilter(mb,b,'conv','replicate');
ur1 = log(nr1);ug1 = log(ng1);ub1 = log(nb1);
tr1 = log(mr);tg1 = log(mg);tb1 = log(mb);
yr1 = (tr1-ur1)/3;
yg1 = (tg1-ug1)/3;
yb1 = (tb1-ub1)/3;
alf2 = 53.38;
x = 31;
x1 = floor((n+1)/2);
```

```
for i = 1:n
    for j = 1:n
        a(i,j) = exp(-((i-n1)^2 + (j-n1)^2)/(4 * alf2))/(6 * pi * alf2);
    end
end
nr2 = imfilter(mr,a,'conv','replicate');
ng2 = imfilter(mg,a,'conv','replicate');
nb2 = imfilter(mb,a,'conv','replicate');
ur2 = log(nr2);ug2 = log(ng2);ub2 = log(nb2);
tr2 = log(mr);tg2 = log(mg);tb2 = log(mb);
yr2 = (tr2-ur2)/3;yg2 = (tg2-ug2)/3;yb2 = (tb2-ub2)/3;
alf3 = 13944.5;
l = 501;
l1 = floor((n+1)/2);
for i = 1:n
    for j = 1:n
        e(i,j) = exp(-((i-n1)^2 + (j-n1)^2)/(4 * alf3))/(4 * pi * alf3);
    end
end
nr3 = imfilter(mr,e,'conv','replicate');
ng3 = imfilter(mg,e,'conv','replicate');
nb3 = imfilter(mb,e,'conv','replicate');
ur3 = log(nr3);ug3 = log(ng3);ub3 = log(nb3);
tr3 = log(mr);tg3 = log(mg);tb3 = log(mb);
yr3 = (tr3-ur3)/3;yg3 = (tg3-ug3)/3;yb3 = (tb3-ub3)/3;
dr = yr1 + yr2 + yr3;dg = yg1 + yg2 + yg3;db = yb1 + yb2 + yb3;
cr = im2uint8(dr);cg = im2uint8(dg);cb = im2uint8(db);
In = cat(3,cr,cg,cb);
end
```

对比全局直方图及局部直方图处理效果（见图 2.7）可发现：全局直方图算法可实现含雾图像的增强，处理后直方图在分布上有明显变化，但图像整体容易出现局部色彩失真；而局部直方图算法有效保持了图像的局部特征，未出现明显的色彩失真，但其处理结果整体偏暗，依然存在部分模糊区域。

基于 Retinex 算法处理前后的直方图如图 2.8 所示，Retinex 图像增强可在一定程度上保持原始图像局部特征，处理效果平滑，去雾效果良好。因此，本章后续对采集图像的去雾增强处理均采用该算法实现。

2.2.2　常规特征提取算法比对分析

要从岩体结构图像中快速提取裂隙信息，首要工作就是边缘（文中即结构面）检测，其后才能对其进行识别、提出等。而图像分割及边界提取的重要依据即是图像灰度值的急剧变化的这一属性，其经典检测算法是：计算并量化图像矩阵一定区域的元素灰度值变化情况，同时基于一定法则形成边缘检测算子来确定图像边界。其具体的原理、算法与运算法则及阈值确定等一系列问题均可参考文献［94］，此处不再赘述。

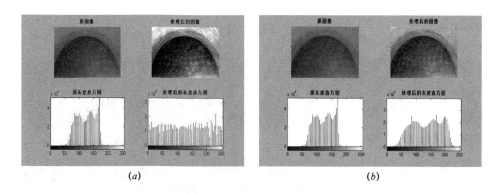

图 2.7　全局直方图与局部直方图处理效果比对

Fig. 2.7　Effect contrast between global histogram and local histogram algorithm
(a) 全局直方图算法；(b) 局部直方图算法

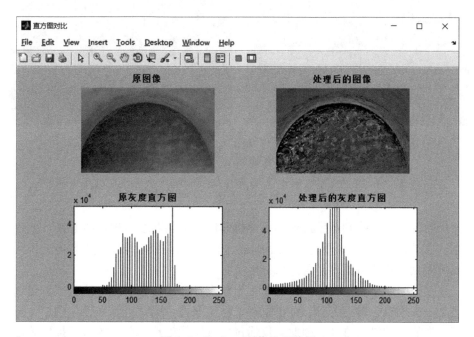

图 2.8　Retinex 图像处理效果

Fig. 2.8　Image effect of theRetinex algorithm

选取 Sobel 算子、Marr-Hildreth 算子及 Canny 算子分别对两幅隧道掌子面图像（一般断续节理岩体图像及含软弱夹层裂隙岩体图像）进行边缘检测，处理效果如图 2.9 和图 2.10 所示。对比三算子所得检测效果可知：Canny 算子检测效果明显优于其他算子；然而整体看来，上述算子的检测效果图仍不理想，难以对处理后岩体图像中的节理、裂隙进行参数定量化提取与分析，或者说所提取信息无法直接应用于岩体结构面信息统计分析或岩体质量评价中。

图 2.9　不含夹泥图像特征提取效果对比

Fig. 2.9　Extraction effect contrast of rock mass image without intercalated mud
　　(a) 岩体原始图像；(b) Sobel 算子；(c) Marr-Hildreth 算子；(d) Canny 算子

虽然后续可对检测图像进行形态学操作使检测的断续节理联接起来，或借助聚类、分类算法、ANN 等将节理坐标进行分类，但所需调控参数太多、人为主观影响较大，致使可信度严重降低。

究其原因：比之于其他研究对象，岩体本身即是一种混沌介质，而岩体结构面更是分布随机、形态各异、种类繁多、噪声显著，其特有属性极大增加了岩体节理、裂隙等的提取难度。因此，仅通过常规图像处理与单一的特征提取算法很难实现裂隙岩体结构信息的准确、稳健解译。

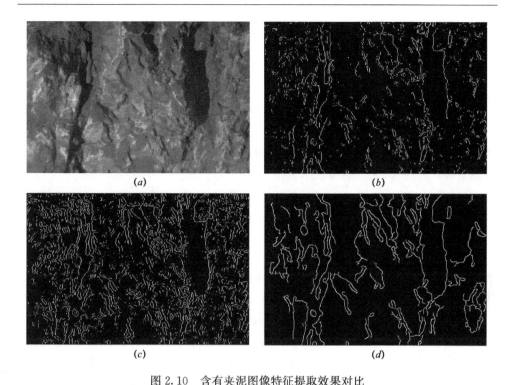

图 2.10　含有夹泥图像特征提取效果对比

Fig. 2.10　Extraction effect contrast of rock mass image with intercalated mud

(a) 岩体原始图像；(b) Sobel 算子；(c) Marr-Hildreth 算子；(d) Canny 算子

2.3　裂隙岩体结构信息多元解译算法

图像分析是指通过半自动或自动方法对图像中的数据、信息等进行提取，其主要包含形态学图像处理、图像分割、边缘检测及模式识别等。其中，图像分割即是依据一定准则将图像中所需目标从中分离出来，实现对图像点、线及边缘的检测。图像分割在图像处理中一直是个难题。目前，图像中形状轮廓线与纹理特征提取尚且没有一种放之四海而皆"灵"的算法。有些图像采用一些比较简单的算法即可分割出来，而有些诸如隧道掌子面岩体图像，由于其图像轮廓线不明显，纹理形态、展布复杂等问题，则需要一些比较复杂的、综合的分割算法，甚至需要半自动或手动去提取。

为此，本节充分考虑裂隙岩体图像特征，分别针对规则长大裂隙、特殊地质体（软弱夹层、破碎带及断层等）、细小随机裂隙 3 种不同几何特征与展布形态的结构面，以霍夫变换、智能剪刀，以及图像形态学结合多参数表征三种提取算法，对裂隙岩体结构信息进行靶向性多元解译。以下将分别就线性成组提取、磁性追踪提取、形态学边缘检测这3种算法及其应用进行介绍。

2.3.1 线性成组提取

1. 霍夫变换原理

一般来讲，图像边缘检测即是找寻其亮度突变的点，若这些点的坐标及方向相近，则可构成特殊边缘即直线段。霍夫变换是目前最为常用的直线检测方法，该算法不受图像旋转影响，易于几何图像的快速变换。以直线检测为例。在平面坐标系（x-y）中，某直线可表示为

$$y = kx + b \tag{2.1}$$

对于直线上一确定点（x_0，y_0），则有

$$y_0 = kx_0 + b \tag{2.2}$$

即图像中的每一点对应参数平面中的一正弦曲线，那么通过霍夫变换，图像中的一条直线就对应着参数平面中若干曲线相交最多的那个点。实际直线检测过程中一般采用以下参数方程表示

$$p = x\cos\theta + y\sin\theta \tag{2.3}$$

利用 Line Segment Detector（LSD），可快速地检测图像中的直线段，其算法关键是像素合并于误差控制。LSD 一般不需人为设参，但在应用中可设置采样率与判断两像素是否合并的方向差。直线检测即是在图像中找寻梯度变化较大的像素，所以说，梯度与图像的 level-line 是 LSD 提及的两个基本概念。LSD 首先计算每一个像素与 level-line 的夹角以构成一个 level-line 场，通过合并方向近似的像素可得到一系列检测区域，即 line support regions（图 2.11）。其实每一个 line support regions 就是一组像素，当构成区域比较细长时，则这组像素为直线段的概率就越大。关于 line support region 具体获得方法及误差控制可参考文献 [96]，此处不再赘述。

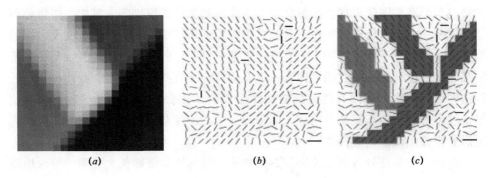

图 2.11 LSR 展示图

Fig. 2.11 Diagrammatic sketch of Line Support Regions

(a) 计算图像 (b) Level-line 场；(c) 线段支持域

2. 实例应用及处理效果

线性成组提取是基于上述 LSD 算法实现的，适用于提取岩体中比较规则的长大裂隙。该法不考虑裂隙宽度、起伏度的影响，可快速地将成组的、带有明显特征的裂隙近似看作直线进行提取，进而获取裂隙的迹长、间距及倾角等基本特征参数，实现对岩体完整系数、体积节理数等的统计分析。以图 2.12 为例，选取一个矩形划定期望提取的掌子面典型代表区域；在岩体图像中绘制一直线，以约束拟提取裂隙的位置及大体方位；然后可直接得到该方向一定约束范围内的相应裂隙；由于 LSD 算法所提取裂隙为直线形式，因此可通过像素值直接获取裂隙的迹长、间距以及视倾角等。值得注意的是，此处显示的只是一个以像素为处理量纲的比值，并非实际数值。若想得到实际数值，还需通过尺度变换处理，此处通过填写岩体图像与工程实际值的比例来实现。

 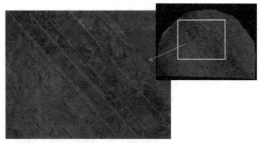

图 2.12　线性成组提取结果

Fig. 2.12　Result of linear group extraction algorithm

2.3.2　磁性追踪提取

"智能剪刀"（Intelligent Scissors）作为一种交互式图像分割工具，可精确地勾画出感兴趣的图像区域 ROI（Region of Interest）[97]。其核心思路是对像素点赋权值，并假定其与邻域点为连通的。智能剪刀的边缘检测是基于图像搜索实现的，即选择从始点到终点的最优路径，也就是说，它将边缘检测转换成了可通过动态规划来处理的最优路径选择问题。

1. 最短路径生成算法

由上述可知，累积权值最小路径对应目标边缘，那么权值函数就必须给目标边缘上的点赋予较小权值。权值函数是由拉普拉斯交零点函数（Laplacian zero-crossing）、梯度量函数（Gradient magnitude）、梯度方向函数（Gradient direction）构造所得，即：

$$\mathrm{cost}(\mu,\nu) = w_Z f_Z(\nu) + w_D f_D(\mu,\nu) + w_G f_G(\nu) \tag{2.4}$$

式中，$f_Z(\nu)$，$f_G(\nu)$，$f_D(\mu,\nu)$ 表示零交叉点，梯度值，梯度方向，ν 为 μ 的相邻点，w_Z，w_D，w_G 为权重。其中，$f_Z(q)$，$f_G(q)$，$f_D(p,q)$ 分别起到了突出

边缘、平滑边缘及归类相似点的作用，最终达到取得图像边界的目的。

本章中采用 Dijkstra 的算法来生成最短路径，这个算法主要通过动态规划，求出从任一点到给定种子点 s 的最短路径，具体算法如下：

```
    输入：
Seed     //开始的种子点（像素）
L(v, r)  //计算 q, r 两点的区域的能量值的函数；
    数据结构：
List     //一个以区域的能量值的实时排序链表（初始化为空）；
N(v)     //以像素点 q 为中心的八邻域点；
e(v)     //像素点 q 有没有进行扩张的标志；
g(v)     //从 q 点到种子的总的能量值。
    输出：
    P    //从当前点到种子点的最佳路径。
```

值得注意的是 List 表是一排序表，其特征是它元素的值是从小到大排列，这就保证每次取第一个元素都是这个表中最小元素。当一新结点进入表中时，需对表进行排序以保持其原有结构。

2. 实例应用与处理分析

磁性追踪提取方法是基于智能剪刀算法实现的，适用于提取断层、软弱夹层、软弱破碎带等地质结构比较发育的特殊地质体。具体实施步骤如下：

（1）在掌子面裂隙岩体图像中点击特殊地质体或宽大结构面的边界端点作为种子点 s；

（2）沿着端点 s 在所要提取的边界上移动，将当前鼠标点 t 作为目标点；

（3）基于路径搜索算法在种子点 s 与目标点 t 间寻找最佳路径；

（4）当种子点 s 与目标点 t 间最佳路径长度刚好大于某给定阈值 L_T 时，冻结 s 与 t 间的已查找最佳路径，并将目标点 t 作为种子点 s 返回步骤（1）中再次搜索下一最优路径，直至与端点形成闭合，结束对最佳路径的搜索；

（5）将所有冻结边线上的像素依次存储并作为图形层上的一图元保存，该边界线即为磁性追踪提取的特殊地质体或宽大裂隙的边界。

图 2.13 中给出了两幅裂隙岩体图像的磁性追踪提取结果，从结果图可看出，磁性追踪方法拟合结构面边界与实际岩体结构边界吻合度较高。

就断层、破碎带等这类特殊的地质结构体而言，此处需要提取其发育宽度、长度、面积等，以图 2.14 所示，通过上述磁性追踪提取可获取结构面两边线种子点或新增点（对应图中 $x_1, x_2, \cdots, x_n$ 与 $y_1, y_2, \cdots, y_n$）的坐标值，取任一边线的一点为起点（以点 y_6 为例），向另一边线各点依次求距并筛选最小值，该最小值即为对应位置的结构面宽度值。依次遍历其他各点并求解其最小距值，其平均值即为结构面宽度均值。

图 2.13 磁性追踪提取结果

Fig. 2.13 Results of magnetic tracing extraction algorithm

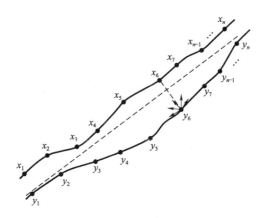

图 2.14 裂隙宽度计算示意图

Fig. 2.14 Calculation sketch of crack width

此方法可基于 MATLB 程序实现，基本步骤如下：

```
r = zeros(length(e₂),length(e₁));
for i = 1:length(e₂);
for j = 1:length(e₁);
r(i,j) = sqrt((e₂(1,i)-e₁(1,j))^2 + (e₂(2,i)-e₁(2,j))^2;
end
end
b = min(r,[],2);
m = mean(b)
```

在上述程序中，e_1、e_2 分别为结构面两侧点坐标值所构成的矩阵，其维数为 2^*length(e_1) 与 2^*length(e_2)，其任意列第一行与第二行对应该列序号点的坐标值。

基于上述研究成果，特殊地质体的延展长度求取也就是求图中边线的长度值，此处可取两边线（A与B）长度均值作为该裂隙迹长值。对应MATLAB程序为：$L = (\text{length}(e_2) + \text{length}(e_1))/2^{[5]}$。其中，$\text{length}(e_1)$ 和 $\text{length}(e_2)$ 分别代表组成裂隙两边线的点个数，L 表示计算返回迹长值，但是该迹长值的单位为像素，可通过后续工程尺度变化获取其真实值。

2.3.3 形态学边缘检测

1. 数学形态学原理

数学形态学由一组形态学代数算子构成，即为膨胀、腐蚀、开启、闭合算子，通过组合上述算子可形成多种形态学算法，进而达到图像形状以及结构分析处理的目的。

设 B 为一结构元素，f 为原始图像，x 表示平移量，则 f 被 B 的膨胀记为：$f \oplus B$，其中 $\oplus$ 为膨胀算子，膨胀的定义为：

$$f \oplus B = \{x \mid [(\hat{B})_x \cap f] \neq \Phi\} \tag{2.5}$$

f 被 B 的腐蚀记为 $f \ominus B$，其中 $\ominus$ 表示腐蚀算子，腐蚀的定义为：

$$f \ominus B = \{x \mid (B)_x \subseteq f\} \tag{2.6}$$

虽然经膨胀与腐蚀后的图像滤除了部分细节，但保持了原始图像轮廓，即两者相减可得到图像边缘。

开启运算就是先对图像进行腐蚀再对腐蚀的结构做膨胀操作。其中，"。"表示开启运算符号，其定义为：

$$f \circ B = (f \ominus B) \oplus B \tag{2.7}$$

闭合运算是先对图像进行膨胀再对膨胀的结果做腐蚀运算。其中，"·"表示闭合运算符号，其定义为：

$$f \bullet B = (f \oplus B) \ominus B \tag{2.8}$$

开运算可去除比结构元素更小的明亮细节，闭运算可去除比结构元素更小的暗色细节，两者组合可实现图像的平滑去噪。

2. 多尺度多结构形态学边缘检测算法

形态边缘检测主要是让图像通过一定运算得到准确、清晰的图像边缘。要领可归结为两点[98]：结构元素选择与形态滤波器结构设计。

（1）结构元素选择

几乎所有图像形态学处理均由运算结构元素来完成，选择的结构元素合理是否直接影响着图像处理的效果[99]。其中，多结构元素形态学运算[100,101]即是采用多个结构元素分别对图像作同一处理，同时合并运算后图像的一种处理。图像边缘检测能力决定于结构元素的大小与形状，且只有当形态边缘检测算子结构元素尺度不小于噪声尺度时才具有去噪作用。小尺度结构元素能较好检测出边缘细节，但去噪能力差；而大尺度结构元素的去噪能力强，但易丢失边缘细节[102]。因此，采用多结构元素的边缘检测算子可较好地检测出各种边缘细节的同时实现噪声抑制。

（2）形态学滤波器的设计

文献［98］提出，首先对图像作闭—开运算以滤除噪声，其次做平滑处理，再次做膨胀运算，最后取膨胀后图像减去膨胀前图像作为图像边缘。具体运算为

$$(M \cdot B) \oplus B - M \cdot B \tag{2.9}$$

式中，$M=(f \cdot B) \circ B$，f 为含噪图像。基于此，本章提出多结构多尺度的边缘检测。具体运算为

$$M(f) = \frac{1}{nm} \sum_{i=1}^{n} \sum_{j=1}^{m} \left[(M \cdot B_{i,j+1}) \oplus B_{i,j+1} - M \cdot B_{i,j+1} \right] \tag{2.10}$$

式中，$M=(f \cdot B_{i,j}) \cdot B_{i,j}$。

综合考虑处理对象及其特征的计算复杂度与边缘检测效果，试验中取 $n=3$，$m=4$，其中：$i=1$ 为正方形结构元素；$i=2$ 为平坦菱形结构元素；$i=3$ 为平坦圆形结构元素。$j=1$ 表示创建的是 1×1 的结构元素；$j=2$ 表示创建的是 3×3 的结构元素；$j=3$ 表示创建的是 5×5 的结构元素；$j=4$ 表示创建的是 7×7 的结构元素。

3. 实例应用与效果分析

本章中所述边缘检测算法是基于梯度运算及多尺度多结构形态学等算法耦合所得，该算法主要是获取岩体中Ⅴ级、Ⅳ级结构面，即细小的、连续性极差的次级结构面或再生裂隙。以图 2.15 为例，其可通过对参数、阈值的设定而获取不同的处理效果。正如上所述，该类结构面具有随机分布、难以直接量化提取等特点，像上述 2.2.2 节中各常规算法所提取结构信息同样具有类似问题，即所得信息无法表征或直接利用，以给工程提供数据基础。

图 2.15　形态学边缘检测结果

Fig. 2.15　Result of morphology edge detection algorithm

裂隙的方向、间距、长度以及密度是岩体结构几何描述的重要参数，而裂隙岩体网络的分维值则可从一定程度上综合反映这些参数[103]。裂隙的分维值与其数目、长度呈正相关，而与其间距大小呈负相关，故分维值可作为描述岩体结构复杂程度的量化指标，其计算公式为：

$$D_f = -\lim \frac{\ln N(r)}{\ln r} \tag{2.11}$$

其中，r 为划分的小网格的边长；$N(r)$ 为节理所占小网格的数目。

在平面坐标系 $\ln r$-$\ln N(r)$ 中找出无标度区间，通过最小二乘法求出斜率，其斜率绝对值即为裂隙岩体的分维值。

此外，岩体裂隙率作为一种结构面发育特征的表征指标，除与结构面密度相关外，还与结构面规模有关[104]。因此，可反映岩体结构面的发育特征，进而用来衡量岩体的完整性，评价岩体质量。为此，针对随机裂隙的基本特性，本章拟选定分维数、裂隙率作为岩体结构面发育程度的量化表征参数。

2.4 集成化系统平台开发

2.4.1 系统功能简介

本系统使用的开发环境主要是 MATLAB R2015b，MATLAB 本身提供的数值计算功能、图形功能以及交互式操作可很好地实现本系统中涉及的图像处理算法。软件设计目标即是建立一种隧道专用的基于岩体数码图像的高效、快速结构面信息提取与统计分析的集成化平台，以报表形式自动导出，以减少现场技术人员工作量，为隧道施工及后续分析提供可靠的数据支撑。

"隧道裂隙岩体图像处理与结构信息多元解译系统"是从岩体结构不确定性本身出发，基于图像增强、图像去噪，以及直线检测、智能剪刀、图像形态学、梯度运算等，集裂隙岩体图像处理与结构信息自动化提取于一体的多元解译平台。该系统主要包括前期处理模块：岩体图像处理（图像压缩、灰度变换、去雾增强等）、结构特征解译（线性成组提取、磁性追踪提取、形态学边缘检测）等，后处理模块：工程信息录入、地质编录、岩体结构信息统计与分析等。

2.4.2 平台操作说明

隧道裂隙岩体图像处理与结构信息多元解译系统的核心即为图像处理及后续特征提取，通过程序编程完成人机交互的界面化操作，实现岩体结构信息的快速采集与精细量化表征。其平台界面如图 2.16 所示。其中，图像处理与特征提取安排在同一个界面，如此可便于处理图像的同时进行结构面信息解译、提取，方便地质人员在做信息检录时，明确了解是哪一条裂隙的信息。此外，所提取信息记录均暂时保存于右侧表格中，以方便后续数据的自动导出。以下将分别从图像处理、特征解译和信息输出三方面进行说明。

图 2.16　系统用户操作界面

Fig. 2.16　GUI of the system

1. 裂隙岩体图像处理

一般现场拍摄图像由于受光照、粉尘、水雾以及拍摄人员经验等因素影响，大多不能直接使用，需提前进行预处理以提升图像质量。该系统主界面左上位置分布有 6 个按钮，分别代表预处理流程的 6 个操作。除图像压缩、灰度变换以及图像去噪、去雾增强、边缘锐化等功能外，如果图像质量本身良好，可使用"一键优化"功能，该设置可自动将岩体图像调整到合适的分辨率与亮度。以下将分别就图像去噪平滑、图像压缩、图像增强以及图像放大等图像处理功能进行简述。

（1）去噪平滑

所拍摄图像不可避免地会存在一些噪声或者其他无关信息，而消除图像中噪声成分即为图像平滑化或滤波操作。图像滤波的目的有两个：一是抽出对象特征作为图像识别的特征模式；另一个是为适应图像处理要求，消除图像数字化时所混入噪声。其处理效果的好坏将直接影响后续图像处理的有效性及可靠性。此处使用高斯低通滤波进行去噪平滑。

（2）图像压缩

用数码相机或者红外相机拍出的图像分辨率非常高，大概可达到 4900×3200 像素左右的分辨率，为了降低处理时间，提高相应效率，进行数据压缩是较为合适的一种方法。降低分辨率，减少存储数据，一般可将图像压缩至 800×600 像素范围内，使系统可及时响应工程现场的用户请求，力求将友好界面做到最大化。

（3）图像增强

图像增强方法是通过一定手段对原图像附加一些信息或变换数据，有选择地突出图像中感兴趣的特征或抑制（掩盖）图像中某些不需要的特征，使图像与视觉响应特性相匹配，加强图像判读与识别效果，满足隧道工程特殊分析的需求。其中，前述图像去雾增强处理即是专门针对隧道多尘、水雾等特殊环境条件设定的岩体图像处理算法。

（4）图像放大

上述提到数码相机拍摄的照片通常分辨率很高、数据量很大，而隧道开挖过程中有时会出现一整幅掌子面图像，这时可用图像部分的分辨率很可能达不到识别要求，况且需要提取的具有典型代表的岩体结构信息也可能仅在某一部分区域。此时，需要先将图像放大至合适大小再进行处理。常规方法容易产生棋盘格效应，达不到提取要求。常见的图像放大有三种，插值、重构与学习，其中插值方法速度较快，满足工程实际中图像快速采集、处理的需求，为此选用该法进行图像放大处理，具体算法此处不再赘述。

2. 岩体结构信息解译

所开发平台中岩体结构信息解译方法共有 3 种，即线性成组提取、磁性追踪提取及形态学边缘检测，其基本原理已在上节介绍。此处仅介绍其使用及操作说明。

（1）线性成组提取方法：在图像上用鼠标绘制一条直线（见图 2.17），然后可得到该方向上一组直线，右侧表格内可直接得到此一组提取的详细信息，包括迹长、间距、坐标及倾角等。如上节所述，此处显示的只是一个比值，并非实际数值，因此，还需进行工程尺度变化。在此仅需在提取结构信息后，填写系统中图像与工程实际值之比例即可，默认以图像底部长度作为工程尺度的比例参考。

图 2.17　线性成组提取

Fig. 2.17　Linear group extraction method

（2）磁性追踪提取方法：鼠标在需要提取的数据附近滑动（见图 2.18），产生一自动贴合的闭合曲线，即可得到所圈定区域的面积、宽度、主干像素的长度、中心坐标值以及倾角等几何信息，并同步显示在右侧表格内。同时，该平台可实现岩体结构信息的连续提取,每次提取的结果会叠加显示,且信息会更新在右侧表格内。

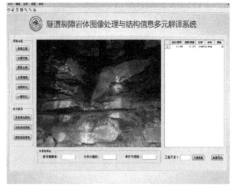

图 2.18　磁性追踪提取

Fig. 2.18　Magnetic tracing extraction method

(3) 形态学边缘检测方法:基于多尺度多结构形态学边缘检测算法可得到如图 2.19 所示处理效果,如上所述,该算法主要针对细小、连续性差、随机分布的次生节理、裂隙等,可通过岩体裂隙率与分形分维数进行量化表征。

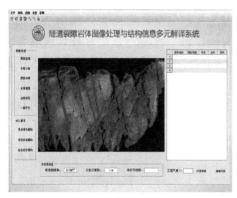

图 2.19　裂隙形态学边缘检测

Fig. 2.19　Morphology edge detection method

3. 工程信息导出

所提取信息均实时保存于右侧表格栏中,可通过操作删除提取效果差或不符合实际的岩体结构信息,所保存数据最终可导出至一 Excel 文件中,按照规定格式输出。同时,可对所处理图像组进行工程信息的编制,包括隧道名称、起止桩号、图像采集里程,以及该处的开挖工法与设计围岩等级等(图 2.20),以方便地质人员做相应的管理、保存。

图 2.20 工程信息录入界面
Fig. 2.20 GUI for information input

2.5 岩体结构信息统计与校验

2.5.1 岩体结构信息统计

基于自主开发"隧道裂隙岩体图像处理与结构信息多元解译系统"可自动获取岩体节理、裂隙以及断层、软弱破碎带等的几何信息，实现岩体结构信息的精细化自动获取及量化表征。以下以某隧道为例，每一次隧道爆破循环均进行系列图像采集，通过连续跟踪拍摄获取若干掌子面岩体的原始图像；由所开发程序进一步图像处理与特征解译后，获取大量岩体结构面的几何信息；通过上述工程信息导出成 Excel 文件后，进行岩体结构信息的统计分析。其中，所得节理可见迹长、裂隙率、间距、结构面密度的概率分布函数如图 2.21 所示。

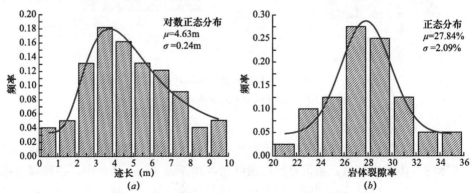

图 2.21 隧道岩体结构信息概率分布模型及参数（一）
Fig. 2.21 Probabilistical distribution models and parameters of structural information of tunnel rock mass
（a）节理可见迹长分布概率；（b）岩体裂隙率分布概率

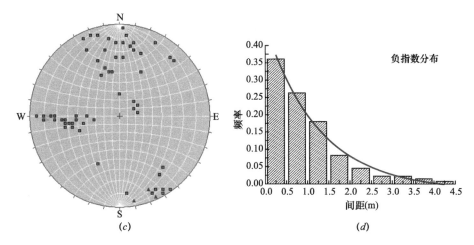

图 2.21 隧道岩体结构信息概率分布模型及参数（二）

Fig. 2.21 Probabilistical distribution models and parameters of structural information of tunnel rock mass

(c) 结构面密度分布图；(d) 节理间距分布概率

2.5.2 岩体结构信息校验

在岩体结构信息的多种量化表征指标中，岩体节理可见迹长、间距以及岩体完整性系数、视倾角等统计信息一旦根据前述原理确定了其概率分布形式及具体统计参数后，该随机变量的统计特征就唯一确定了。但从严格数理统计角度来讲，还需要一定方法对所建概率模型与给定样本数据间的吻合程度进行检验，即分布的拟合性检验，以确定实测样本数据是否符合所建概型。常用概率分布模型检验方法有：χ^2法、F值分布法及 Kolmogov-Smirnov（K-S）法等。此处采用 K-S 法进行概型检验，其具体原理及实施步骤可参考文献[105]，此处不再赘述。

以隧道岩体结构面间距为例，进行指标统计概型校验。将样本数据按从小到大的顺序排列，分别计算其相应的经验频率 $F_n(x_i)$、理论累计概率 $F(x_i)$ 以及 D_N^+ 和 D_N^-，计算结果如表 2.6 所示。由表中结果可知，负指数分布假设下，$D_n=0.218$。依据负指数分布的修正后 K-S 统计检验量可通过相应计算公式得 $D=0.5183$，即当小于置信水平 $\alpha=0.01$ 对应的临界值 $D_\alpha=1.308$，统计值小于临界值，故可认为原数据服从负指数分布。

结构面间距 K-S 计算结果统计表　表 2.6

Calculation result of structural surface spacing by K-S method　Tab. 2.6

间距 (m)	累计频数 (i)	经验分布概率 $F_n(x_i)$	负指数分布		
			累计概率密度	D^+	D^-
0.201	1	0.008	0.224	0.216	0.008
0.202	2	0.015	0.226	0.211	0.218

续表

间距（m）	累计频数（i）	经验分布概率 $F_n(x_i)$	负指数分布		
			累计概率密度	D^+	D^-
0.208	3	0.023	0.231	0.209	0.216
0.210	4	0.030	0.233	0.203	0.211
0.211	5	0.038	0.234	0.197	0.204
0.212	6	0.045	0.235	0.190	0.198
0.213	7	0.053	0.236	0.184	0.191
0.215	8	0.060	0.238	0.178	0.186
0.217	9	0.068	0.240	0.173	0.180
0.219	10	0.075	0.242	0.167	0.174
0.221	11	0.083	0.244	0.161	0.169
0.221	12	0.090	0.244	0.154	0.161
0.221	13	0.098	0.244	0.146	0.154
0.223	14	0.105	0.246	0.141	0.148
0.224	15	0.113	0.247	0.134	0.142
0.228	16	0.120	0.251	0.130	0.138
0.232	17	0.128	0.254	0.127	0.134
0.232	18	0.135	0.254	0.119	0.127
0.233	19	0.143	0.255	0.113	0.120
—	—	—	—	—	—
3.005	128	0.962	0.978	0.015	0.023
3.009	129	0.970	0.978	0.008	0.015
3.142	130	0.977	0.981	0.004	0.011
3.146	131	0.985	0.981	0.004	0.004
3.185	132	0.992	0.982	0.010	0.003
3.206	133	1.000	0.983	0.017	0.010
max	—	—	—	0.216	0.218

然而，就岩体裂隙率、分形维数等很难进行现场人工量测，也很难进行对比验证。只能是基于上述系统提取信息进行类内变化趋势比对。也就是说，或许所计算的裂隙率、分维数与个体掌子面实际情况有出入，但在隧道开挖方向上，统计所得裂隙率、分维数的变化趋势不会与现场实际有太大差异。而这也正是其利用价值所在，即可通过其量值变化趋势来指导岩体质量评定、围岩等级变更等。此处需要注意的是，在进行图像处理，尤其是形态学边缘检测过程中，应尽量保证所获取图像在形态学处理过程中其边缘检测算子、所选取结构元素、合并运算时的因素权重等控制性因素或标准尽可能一致，以减小因人为处理造成的图像类间差异。

2.6 本章小结

(1) 依托现场工程，开展了在不同亮度条件、不同粉尘浓度下运用正常拍照、红外拍照不同波段、红外补光不同波段三种模式的隧道裂隙岩体图像采集工作，比选了不同环境条件下岩体图像采集的最佳模式，实现了不同摄影量测图像采集模式的环境因素敏感性分析与采集设备的优化选型，从设备层上提升图像采集质量，并提出专门针对隧道岩体图像的去雾增强预处理算法。

(2) 针对常规图像解译提取信息不可表征问题，从岩体结构不确定性出发，基于霍夫变换、智能剪刀、形态学及梯度运算等，构建了集裂隙岩体结构信息线性成组提取、磁性追踪提取及形态学边缘检测于一体的多元解译系统。

(3) 基于所构建隧道裂隙岩体图像处理与结构信息多元解译系统，实现了岩体结构信息的精细量化提取，进而构建了岩体结构面信息的概率分布模型，同时基于 K-S 法对其概型进行了检验，为后续岩体质量评定、网络模型构建、围岩及局部关键块体的稳定性计算提供了数据支撑。

(4) 考虑到隧道快速施工之需求，本章岩体结构信息是基于近景摄影量测获取的，且是结构面的二维信息。如何基于三维激光扫描或数码图像匹配等技术，实现岩体结构三维信息的快速采集及有效提取是后续需要进一步研究的。

第3章 岩体质量不确定性分析与围岩等级鲁棒评定

3.1 引言

一种符合客观实际的、准确的围岩等级评定不仅是隧道围岩稳定性分析的基础,也是正确指导设计、确定施工方案的重要依据,具有非常重要的理论与实际指导意义。围岩分级本身可用该数学模型进行表述:$y=f(x_1,x_2,x_3,\cdots,x_n)$。其中,$y$可表示为围岩级别,$x_1,x_2,x_3,\cdots,x_n$可表示为影响围岩级别的各种因素。围岩分级研究实际上就是对围岩级别影响因素的认识及围岩级别与各影响因素之间关系模型的建立。

其实,各行业均推出过各自的岩体分级标准或规范[106-110]。然而,在实际应用过程中,往往是应用同一评价体系及分级标准,却得出不同的评判等级,尤其是在围岩亚级分级中,评定结果鲁棒性差,甚至出现跳级,难以对围岩等级做出合理、稳健评定。

目前,围岩分级方法多以定量与定性结合的方式进行评定[111]。定量分析是依据室内、现场试验数据来对岩体(或岩石)性质进行定量表征的,如岩石强度,岩体完整性系数等。然而,在测试过程中,往往由于试验操作、仪器误差等致使所得指标值具有较大的不确定性,同时由于统计信息有限,所得数据有"以点代面"之嫌。定性分析则通过对影响岩体质量的各因素进行定性描述或给出评判、打分,而由于个人认知及专业经验不同,主观因素影响显著,即使应用同一评价体系,不同的地质人员对同一围岩也往往作出不同的评定结果;同时存在定性分级与定量分级结论不一致的情况。在定量与定性结合、多指标综合评判的分级方法中,这种由仪器操作、人为主观因素以及岩体工程本身带来的不确定性、随机性尤为凸显,致使评价等级结果可靠性严重降低。尤其是在深埋、超大断面等特殊隧道工程,合理、精确的围岩等级评定对围岩稳定性评价、施工工法转换、支护参数优化、预加固措施选取等均有重要参考价值。

隧道开挖过程中,掌子面揭露岩体经常处于两级围岩之间。如三类偏四类围岩与三类偏二类围岩的开挖、支护方案差异就很大,可能围岩级别只需调整半级即可满足施工需求,然而无相匹配的围岩亚级分级方法,则不得不按高一级处理,致使施工成本增加[112,113]。而针对这种阶梯性评价结果,现有规范并没有恰当地描述两者之间的差别。实际上围岩类别情况既有类间差别，又有类内差别，而大多基于最大隶属度原则下的阶梯型评价结果只能反映类间差别，不能反映类内差别[114]，即各评价指标值、隶属度函数以及权重在一定范围内变化时不会引起评价结果的变化。当评价对象在类内一定范围内时，评价结果比较准确，但对于类别边界附近的对象却不是如此。许多学者基于不同理论方法对围岩分级中这种不确定性和阶梯性进行了探索，如可变模糊集合理论[115]、粗糙集理论[116]、区间理论[117]、可拓方法[118]、集对分析理论[119]及人工神经网络[120,121]等，均取得有益的进展。但在实际应用存在一定缺陷，如模糊数学中隶属度函数及权重难以确定问题；粗糙集方法在属性约简中关键评价因子可能被删除；区间理论操作简单、实用性强，但未考虑评定指标概率分布模型；集对分析方法中差异度系数难以确定；神经网络则存在大空间样本获取及拟合过渡等问题，评定结果可靠性不高。

据此，本章以济南东南二环项目的重难点工程老虎山超大断面隧道为工程依托，充分利用分类系统本身蕴含的信息，考虑评价指标的不确定性及离散性，通过分析岩石强度及岩体完整程度等评价指标的概率分布规律，引入体系可靠度分析理论，构建不同围岩等级的功能函数，经 Monte Carlo 法计算围岩隶属于各评定等级的可靠概率，进而提出了基于国标 BQ 法的围岩亚级分级可靠度分析方法，以期更为直观地对围岩等级做出稳健评估。同时，基于上一章中所开发"隧道裂隙岩体图像处理与多元解译系统"，构建岩体结构信息多参数表征体系，基于高斯过程理论，以上述围岩等级可靠性评定结果作为学习样本的输出响应，构建围岩等级的高斯过程分类模型，实现围岩级别的快速、稳健评定，以期为合理评定围岩稳定性状，确定隧道施工工法转换区间，优化支护参数提供数据支撑。

3.2 围岩亚级分级的可靠度分析

3.2.1 围岩分级可靠度理念

岩土体参数的不确定性是岩土工程领域极为显著的特征之一，岩土工程的可靠度理论是从岩土体的不确定性出发分析研究对象的可靠概率和失效概率的。从分类的角度来看，失效就是不可靠，判断可靠和失效实际上就是一个关于两个类别的分类问题[114]。对围岩分类而言，定量指标参数获取的离散性及定性评价标准的不确定性、模糊性决定了围岩类别可靠性的存在，即岩体属于某围岩等级的概率有多大，这就是围岩分类的可靠度问题。

给定基本随机变量 $X_1, X_2, \cdots, X_n$ 及极限状态方程[122,123]

$$g(X_1, X_2, \cdots, X_n) = 0 \tag{3.1}$$

可知，功能函数为
$$Z(X_i) = g(X_1, X_2, \cdots, X_n) \tag{3.2}$$
由可靠度基本理论可知：
$$\begin{cases} Z(X_i) = g(X_1, X_2, \cdots, X_n) > 0 & \text{为可靠状态} \\ Z(X_i) = g(X_1, X_2, \cdots, X_n) = 0 & \text{为极限状态} \\ Z(X_i) = g(X_1, X_2, \cdots, X_n) < 0 & \text{为失效状态} \end{cases} \tag{3.3}$$

从分类角度来看，由式（3.3）可知，可靠与失效的概率可以看作是安全余量 Z 以 0 为分类界线的两个类别的分类问题。为表明分类界线，安全余量 Z 可以改写为以 0 为分类界线的安全余量 Z_0。
$$Z_0 = g(X_1, X_2, \cdots, X_n) - 0 \tag{3.4}$$
则此时可靠概率
$$P_0^s = P(Z_0 \geqslant 0) \tag{3.5}$$
其中，P_0^s 表示以 0 为分类界限的可靠概率。

则对应的失效概率 P_0^f
$$P_0^f = 1 - P_0^s = P(Z_0 < 0) \tag{3.6}$$
假定围岩分类的评价模型为
$$C = f(x_1, x_2, \cdots, x_n) \tag{3.7}$$
其中，C 表示基于某一围岩分类方法所得评定值，$x_1, x_2, \cdots, x_n$ 表示围岩类别的各影响因素。则一个以 k（k 为常数）为分类界线的分类问题的安全余量 Z_k
$$Z_k = f(x_1, x_2, \cdots, x_n) - k \tag{3.8}$$
根据岩体工程可靠度理论，此时可靠度概率 P_k^s
$$P_k^s = P(Z_k \geqslant 0) \tag{3.9}$$
按照概率论的基本原理，若各评定指标的联合概率密度为
$$h(x) = h(x_1, x_2, \cdots, x_n) \tag{3.10}$$
即
$$P_k^s = P(Z_k \geqslant 0) = \int_{Z_k \geqslant 0} h(x) \mathrm{d}x$$
$$= \iint_{Z_k \geqslant 0} \cdots \int h(x_1, x_2, \cdots, x_n) \mathrm{d}x_1 \mathrm{d}x_2 \cdots \mathrm{d}x_n \tag{3.11}$$
同样可以求得一个以 j 为分类界线的分类问题时的可靠概率 P_j^s
$$P_j^s = P(Z_j \geqslant 0) = \int_{Z_j \geqslant 0} h(x) \mathrm{d}x$$
$$= \iint_{Z_j \geqslant 0} \cdots \int h(x_1, x_2, \cdots, x_n) \mathrm{d}x_1 \mathrm{d}x_2 \cdots \mathrm{d}x_n \tag{3.12}$$
则围岩介于 $k \sim j$ 值之间所隶属等级的可靠概率 $P_{k \sim j}^s$

$$P_{k\sim j}^s = P_k^s - P_j^s = P(Z_k \geqslant 0) - P(Z_j \geqslant 0) \tag{3.13}$$

对应的失效概率 $P_{k\sim j}^f$

$$P_{k\sim j}^f = 1 - P_{k\sim j}^s \tag{3.14}$$

联合式（3.12）与式（3.13），即可求得围岩隶属于各等级的可靠概率。

3.2.2 可靠概率计算模型

1. 围岩等级评定指标

在工程岩体分级中，《工程岩体分级标准》中岩体基本质量指标 BQ 自实施以来，已在水利水电、交通、矿山等行业相关工程中得到广泛应用。与传统的水利水电工程围岩分类 HC 法、巴顿的 Q 系统法以及 Bieniawski 的地质力学分类 RMR 法相比，BQ 法有其自身特点[111]。其首先选取岩石坚硬程度与岩体完整程度两个反映岩体基本属性的独立因素作为岩体质量的分级指标，并将影响岩体工程特性的因素作为修正系数。具体分类方法及步骤参见文献[106,107]，本章不再赘述，岩体基本质量分级标准如表 3.1 所示[108]。

公路隧道岩质围岩基本质量分级 表 3.1
Classification of rock mass basic quality in highway tunnel engineering Tab. 3.1

围岩基本质量级别									
级别	Ⅰ	Ⅱ	Ⅲ		Ⅳ			Ⅴ	
亚级	Ⅰ	Ⅱ	Ⅲ₁	Ⅲ₂	Ⅳ₁	Ⅳ₂	Ⅳ₃	Ⅴ₁	Ⅴ₂
BQ	≥551	550~451	450~401	400~351	350~316	315~285	284~251	250~211	210~150

《工程岩体分级标准》中确定 BQ 值的公式是基于 103 组样本数据（后又新增 54 组样本数据）逐次回归建立的，最终选定为带两限定条件的二元线性回归公式[106]，并进行地下水 k_1、结构面产状 k_2 与初始地应力 k_3 修正，即

$$BQ = 90 + 3R_c + 250K_v - 100(k_1 + k_2 + k_3) \tag{3.15}$$

由于岩石饱和单轴抗压强度 R_c 的确定需钻孔取芯，兼有尺寸要求，耗时费力，为满足隧道围岩快速分级要求，采用点荷载强度指数 $I_{s(50)}$ 进行换算，且同组试验岩样数量不小于 15 个，试验结果舍去最大、最小测试值后取均值[106]，然而由于试验误差，现场试验所得数据存在较大的离散性，变异系数一般为 10%~30%，甚至更大，而如果盲目地集中取样，则试验数据无法全面反映岩体强度，代表性差[124]。因此，岩石强度测试中数据离散无可避免，而在 BQ 值计算中，R_c 值的敏感性也较高，以 $R_c=60$MPa 的坚硬岩为例，假定变异系数为 15%，则所计算 BQ 值存在一量值为 27 的离散区间，在以 30~40 个量值为区间的围岩亚级分级中，足以影响地质人员对围岩分级结果的评定。根据已有大量点荷载数据的研究资料[124-129]发现，点荷载强度值的分布基本符合正态分布规律，因此本次

试验测试数据采用隶属于正态分布的统计检验法。

在岩体完整程度指标获取方面应用最为广泛的是岩体完整性指数 K_v 或岩体体积节理数 J_v 两项。岩体完整性指数的获取通常采用弹性波测试，针对不同工程地质岩组或岩性段选有代表性的点、段，测定其弹性纵波速度，并在同一岩体取样测定岩石弹性纵波速度，K_v 值由两者计算所得[106]。岩体体积节理数 J_v 是国际岩石力学委员会（ISRM）推荐用来定量评价岩体节理化程度的指标，反映岩体结构面的几何发育特征。J_v 值由下式计算所得，依据表 3.2 对岩体完整性系数 K_v 进行确定[106,107]。

$$J_v = s_1 + s_2 + \cdots + s_n + s_k \qquad (3.16)$$

表 3.2 J_v、K_v 与岩体完整程度定性值的对应关系
Tab. 3.2 Relationship between J_v、K_v and qualitative integrity of rock mass

J_v(条·m^{-3})	<3	3~10	10~20	20~35	>35
K_v	>0.75	0.75~0.55	0.55~0.35	0.35~0.15	<0.15
岩石完整程度定性值	完整	较完整	较破碎	破碎	极破碎

然而在实际操作过程中，无论是弹性波测试法还是体积节理数法，都会因仪器操作、数据统计或人为因素等使所得数据存在离散性与随机性。以岩体体积节理数为例，由表 3.2 可见，J_v 每多统计（或少统计）一条，BQ 值将产生 3~7 个量纲的离散区间。而由于测窗法或测线法[130-132]进行体积节理数统计时所选位置不同，所得数据的不确定性将会越发显著。

更为常见的是，某掌子面岩体整体较完整，节理弱发育，但局部发育有破碎带或软弱夹层，致使掌子面岩体不同区域的岩性离散度大，如此一来，在进行岩体体积节理数统计中则往往模棱两可，而规范中也只是模糊地说明要对有代表性的节理、裂隙区域进行统计[133]。这对于初级地质人员在进行围岩分级中是经常遇到的，会直接影响岩体完整性系数的计算，进而导致围岩等级误判。

BQ 值计算过程中，半定量修正指标有 3 个，即地下工程地下水影响修正系数 k_1，主要结构面产状影响修正系数 k_2，初始地应力影响修正系数 k_3。由于部分修正系数值较难测定（当然，如果在隧道开挖过程中能获取足够多的样本数据进行统计则更好），加之评定标准有定性成分，很难获取足够代表性数据进行统计分析。在隧道水文地质条件无突变情况下，隧道短区间内各修正系数离散程度不大。以 k_2 为例，其标准为结构面走向与洞轴线夹角及结构面倾角两组合因素，但所给定的量化区间却极为宽泛[133]，很容易出现不同结构面产状对应同一 k_2 值的情况，敏感性较低。为简化计算，在统计各修正系数过程中引用区间数理论[117,134]，综合定性分析与所给定量评定标准，仅确定 k_i 的最大值 $k_{i\max}$ 与最小值 $k_{i\min}$，令 $k_{i\max} = \mu + 3\sigma$，$k_{i\min} = \mu - 3\sigma$[134]，并假定 k_i 服从正态分布。

2. 围岩等级功能函数构建

由式（3.2）可知，围岩分级的评定模型为

$$BQ = f(R_c, K_v, k_1, k_2, k_3) \tag{3.17}$$

岩体基本质量分级标准如表3.2所示，由此便可确定岩体隶属类别的上下限阈值。

以Ⅴ级围岩为例，由前述可获取其功能函数，为便于后续分类计算，同步将其进行归一化处理：

$$Z_V = \frac{f(R_c, K_v, k_1, k_2, k_3) - [BQ]_V}{[BQ]_V} \tag{3.18}$$

即

$$Z_V = \frac{f(R_c, K_v, k_1, k_2, k_3) - 250}{250} > 0 \tag{3.19}$$

则该岩体隶属于Ⅴ级围岩的概率为

$$P_V^s = 1 - P(Z_V > 0) = \int_{Z_V > 0} f(x)\mathrm{d}cx = \iint_{Z_V > 0} \cdots \int f(R_c, K_v, k_1, k_2, k_3)\mathrm{d}R_c \mathrm{d}K_v \cdots \mathrm{d}k_3 \tag{3.20}$$

需要注意的是，Ⅰ级、Ⅴ级围岩的评判标准仅有一个。而对于常见的Ⅳ级、Ⅲ级以及Ⅱ级围岩，其评定标准是既定区间，以Ⅳ级岩体为例，只有当 $BQ \in [251, 350]$ 时，才可评定为Ⅳ级，也就是说，Ⅳ级、Ⅲ级以及Ⅱ级岩体的评定是双标准的，其失效模式有两种。为此，将其视为体系可靠度问题，依据式（3.12）～式（3.13），可获取围岩隶属于Ⅳ级、Ⅲ级及Ⅱ级的可靠概率。

以Ⅳ级围岩可靠概率计算为例，其功能函数为

$$\begin{cases} Z_{\mathrm{IV}}^L = \dfrac{f(R_c, K_v, k_1, k_2, k_3) - [BQ]_{\mathrm{IV}}^L}{[BQ]_{\mathrm{IV}}^L} \\ Z_{\mathrm{IV}}^R = \dfrac{f(R_c, K_v, k_1, k_2, k_3) - [BQ]_{\mathrm{IV}}^R}{[BQ]_{\mathrm{IV}}^R} \end{cases} \tag{3.21}$$

即

$$\begin{cases} Z_{\mathrm{IV}}^L = \dfrac{f(R_c, K_v, k_1, k_2, k_3) - 250}{250} > 0 \\ Z_{\mathrm{IV}}^R = \dfrac{f(R_c, K_v, k_1, k_2, k_3) - 350}{350} < 0 \end{cases} \tag{3.22}$$

则

$$P_{\mathrm{IV}^L}^s = P(Z_{\mathrm{IV}^L} \geqslant 0) = \int_{Z_{\mathrm{IV}^L} \geqslant 0} h(x)\mathrm{d}x$$

$$= \iint_{Z_{\mathrm{IV}^L} \geqslant 0} \cdots \int h(R_c, K_v, k_1, k_2, k_3)\mathrm{d}R_c \mathrm{d}K_v \cdots \mathrm{d}k_3 \tag{3.23}$$

$$P_{\text{IV}^{\text{R}}}^{\text{s}} = P(Z_{\text{IV}^{\text{R}}} \geqslant 0) = \int_{Z_{\text{IV}^{\text{R}}} \geqslant 0} h(x)\mathrm{d}x$$

$$= \iint_{Z_{\text{IV}^{\text{R}}} \geqslant 0} \cdots \int h(R_c, K_v, k_1, k_2, k_3)\mathrm{d}R_c \mathrm{d}K_v \cdots \mathrm{d}k_3 \quad (3.24)$$

则，该围岩隶属IV级的可靠概率 P_{IV}^{s} 为

$$P_{\text{IV}}^{\text{s}} = P_{\text{IV}^{\text{L}}}^{\text{s}} - P_{\text{IV}^{\text{R}}}^{\text{s}} = P(Z_{\text{IV}^{\text{L}}} \geqslant 0) - P(Z_{\text{IV}^{\text{R}}} \geqslant 0) \quad (3.25)$$

同理，亦可求得围岩隶属于Ⅲ级、Ⅱ级的可靠概率。

在隧道施工过程中，尤其是Ⅲ～Ⅴ级围岩中，揭露岩体常会处于两级围岩之间。为提高隧道支护的优化程度，有必要对稳定性状较难评定、施工工法及支护结构参数等相对多样化的Ⅲ、Ⅳ、Ⅴ级围岩进行更加细致地级别划分，即进行围岩亚级分级可靠度计算。

据表3.1所提供围岩基本质量分级BQ阈值[108,112]，可依次求得围岩各亚级分级的可靠概率。同样以Ⅳ级围岩为例。

IV_i级围岩的功能函数为

$$\begin{cases} Z_{\text{IV}_i}^{\text{L}} = \dfrac{f(R_c, K_v, k_1, k_2, k_3) - [\text{BQ}]_{\text{IV}_i}^{\text{L}}}{[\text{BQ}]_{\text{IV}_i}^{\text{L}}} \\ Z_{\text{IV}_i}^{\text{R}} = \dfrac{f(R_c, K_v, k_1, k_2, k_3) - [\text{BQ}]_{\text{IV}_i}^{\text{R}}}{[\text{BQ}]_{\text{IV}_i}^{\text{R}}} \end{cases} \quad (3.26)$$

有

$$P_{\text{IV}_i^{\text{L}}}^{\text{s}} = P(Z_{\text{IV}_i^{\text{L}}} \geqslant 0) = \int_{Z_{\text{IV}_i^{\text{L}}} \geqslant 0} h(x)\mathrm{d}x$$

$$= \iint_{Z_{\text{IV}_i^{\text{L}}} \geqslant 0} \cdots \int h(R_c, K_v, k_1, k_2, k_3)\mathrm{d}R_c \mathrm{d}K_v \cdots \mathrm{d}k_3 \quad (3.27)$$

$$P_{\text{IV}_i^{\text{R}}}^{\text{s}} = P(Z_{\text{IV}_i^{\text{R}}} \geqslant 0) = \int_{Z_{\text{IV}_i^{\text{R}}} \geqslant 0} h(x)\mathrm{d}x$$

$$= \iint_{Z_{\text{IV}_i^{\text{R}}} \geqslant 0} \cdots \int h(R_c, K_v, k_1, k_2, k_3)\mathrm{d}R_c \mathrm{d}K_v \cdots \mathrm{d}k_3 \quad (3.28)$$

则，该围岩隶属IV$_i$级的可靠概率 $P_{\text{IV}_i}^{\text{s}}$

$$P_{\text{IV}_i}^{\text{s}} = P_{\text{IV}_i^{\text{L}}}^{\text{s}} - P_{\text{IV}_i^{\text{R}}}^{\text{s}} = P(Z_{\text{IV}_i^{\text{L}}} \geqslant 0) - P(Z_{\text{IV}_i^{\text{R}}} \geqslant 0) \quad (3.29)$$

为满足计算精度，可靠概率求解采用10^6次Monte Carlo法模拟计算（具体计算过程详见文献[123]，本章不再赘述）。至此，基于所构建围岩等级功能函数，可建立基于国标BQ法的隧道围岩亚级分级可靠度计算方法，并依据最大隶属度原则[135]对围岩等级进行定量化稳健评定。

3.2.3 工程应用

1. 工程概述

在建济南市东南二环项目（包括二环东路南延及二环南路东延）桥隧比高达64.6%，6条隧道全长占总路线长度的42.8%，且均为双向八车道公路隧道，是国内最大规模的双向八车道隧道群。其中老虎山隧道作为项目的重难点工程，跨济南市历下区、市中区两地，地质条件极其复杂（见图3.1）。隧道采用上、下行分离的独立双洞，左线起讫里程ZK2+080~820，长1740m；右线起讫里程YK1+950~838，长1888m；左右线相距11~43m，隧道主洞净空为17.608m×8.961m（宽×高），每延米开挖土石方量均超过200m³。隧址区为剥蚀低山丘陵地貌区，洞顶最大埋深约127.8m；出露和揭露地层为第四系坡积层（Q_3）碎石土，奥陶系（O）灰岩，燕山期侵入中粒闪长岩（地质剖面见图3.2）。地下水类型主要为松散岩类孔隙水、基岩风化带网状裂隙水和基岩构造裂隙水。受燕山运动的影响，其单斜构造中发育有多条规模较大的NNW向断裂，由东向西依次有文祖断裂、东坞断裂、千佛山断裂等。

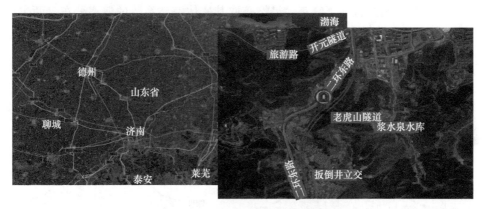

图3.1 老虎山隧道隧址区及航拍图

Fig. 3.1 Location of Laohushan tunnel and its satellite image

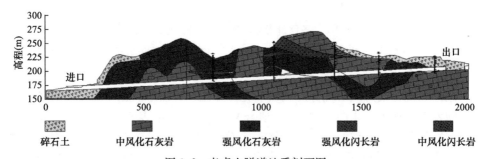

图3.2 老虎山隧道地质剖面图

Fig. 3.2 Geological section map of Laohushan tunnel

由于老虎山隧道属超大断面隧道，施工工法及支护参数的选取均极为慎重，作为重要依据，围岩等级评定则显得尤为重要。初步地质勘探均已给出围岩设计等级，然而在隧道开挖过程中，揭露的掌子面可更为直观、准确地反映围岩质量。为此，本章通过所提出围岩分级可靠度分析方法对施工过程中的掌子面围岩等级进行分析计算，以指导施工工法转换及支护参数的动态修正。

2. 结果分析与对比验证

以 ZK3+750～720 段为例，老虎山隧道作为超大断面隧道，单独某区域岩石强度或岩体完整性无法代表整个掌子面围岩情况，因此在进行现场围岩等级评定中，将各分部掌子面分为左、中、右三子部进行分区评定。且考虑在一定工程岩体范围内，如无特殊岩性突变或断层破碎带，在 1～2 个爆破循环内岩体质量变化情况不大，即围岩在小区间段内存在近相关性。为保证所得数据的鲁棒性及获取合理的指标概率分布函数，每爆破一个循环进行一次围岩判定，共进行三次循环的数据统计。其中，岩石强度通过现场点荷载试验获取，岩体完整程度由岩体体积节理数表征，其可采用第 2 章节中数字摄影量测与裂隙岩体图像处理与结构信息多元解译系统获取。以此为基准，对离散性较大的区域辅以岩体声波参数测定，并对 K_v 值进行适当修正，最终获取其岩体完整系数的概率分布。两主控指标的概率分布模型及相关参数如图 3.3 所示。

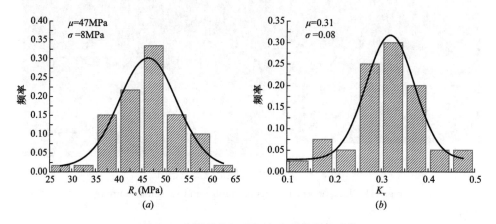

图 3.3 各评价指标的概率分布模型及参数

Fig. 3.3 Probabilistical distribution models and their relevant parameters of evaluation indexes
(a) R_c 值概率分布；(b) K_v 统计值概率分布

结构面统计信息获取优势产状玫瑰花图如图 3.4 所示（由于最优节理组为水平层状发育，视为无走向、倾向），结合文献 [106] 中表 5.2 2-2，综合最优节理组与次优节理组获取结构面产状修正系数区间值 k_2=[0.2, 0.36]，基于前述 "3σ 准则"，获取其概率密度分布参数值，即 k_2 服从 μ=0.28，σ=0.027 的正态分布。同理，地下水影响修正系数 k_1 与初始应力状态修正系数 k_3 可结合文献

[106]中表5.2 2-1,表5.2 2-1分别通过区间值确定其概率分布函数。鉴于该段各掌子面多干燥无水,且隧道埋深均在30~40m间,设定k_1、k_3值均为0。

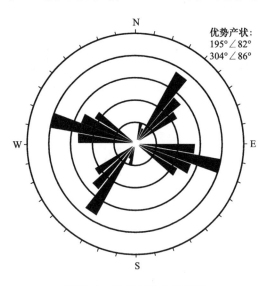

图3.4 优势产状玫瑰花图

Fig. 3.4 Rose diagram of advantage strata occurrence

基于所得数据及各指标概率分布函数,依据前述围岩等级可靠度计算方法,获取ZK3+750~720段隧道围岩隶属于各等级的可靠概率,计算结果如表3.3所示。

ZK3+750~720段围岩隶属于各等级的可靠概率　　表3.3
Reliable probability attached to different surrounding rock levels in ZK3+750~720　　Tab. 3.3

围岩级别	计算可靠概率	最大可靠度指标
V_2	0.0202	
V_1	0.1867	
$Ⅳ_3$	0.4073	$\max(P_i)=\text{XXX}(i=Ⅰ,Ⅱ,\cdots,Ⅴ)$, 属$Ⅳ_3$类围岩
$Ⅳ_2$	0.2826	
$Ⅳ_1$	0.0982	
$Ⅲ_2$	0	

据此,分别计算老虎山隧道左、右线围岩等级的可靠概率,所得结果与设计围岩等级、实际围岩等级进行对比(见表3.4~表3.5),实际围岩等级由地质专家通过现场地质调查,综合BQ法与RMR法所得。由表3.4~表3.5可知,实际围岩等级一般优于设计围岩等级,而本章方法所评判结果也与实际围岩等级完全吻合,且等级可靠概率可更为直观地反映其分类信息,有助于工程地质人员据

此对围岩质量的变化趋势作出稳健评估，进而合理地进行施工工法转换，并对支护参数优化提供量化依据。

老虎山隧道左线围岩等级对比　　　　　　　　　　　　　表 3.4
Comparison of classification results of Laohushan tunnel left line　　Tab. 3.4

隧道里程	设计等级	实际等级	现场BQ法	本章方法	隶属等级可靠概率	设计工法	工法变更
ZK3+810~790	V_2	V_2	V_2	V_2	0.6377	双侧壁导坑	双侧壁导坑
ZK3+790~770	V_2	V_1	V_1	V_1	0.6079	双侧壁导坑	CRD法
ZK3+770~750	V_2	V_1	V_1	V_1	0.4442	双侧壁导坑	CRD法
ZK3+750~720	IV_3	IV_3	V_1~IV_3	IV_3	0.4073	CRD法	CD法
ZK3+720~700	IV_3	IV_3	IV_2	IV_3	0.3564	CRD法	CD法
ZK3+700~675	IV_3	IV_2	IV_2	IV_2	0.4555	CRD法	CD法
ZK3+675~660	IV_3	IV_2	IV_2	IV_2	0.4094	CD法	CD法
ZK3+660~640	IV_2	IV_2	IV_3~IV_2	IV_2	0.4043	CD法	CD法
ZK3+640~620	IV_2	IV_3	IV_3	IV_3	0.4494	CD法	CD法
ZK3+620~600	IV_2	IV_2	IV_2	IV_2	0.4165	CD法	CD法

老虎山隧道出口左线围岩等级对比　　　　　　　　　　　　　表 3.5
Comparison of classification results of Laohushan tunnel right line　　Tab. 3.5

隧道里程	设计等级	实际等级	现场BQ法	本章方法	隶属等级可靠概率	设计工法	工法变更
YK3+818~798	V_2	V_2	V_2	V_2	0.7745	双侧壁导坑	双侧壁导坑
YK3+798~778	V_2	V_1	V_1	V_1	0.5154	双侧壁导坑	CRD法
YK3+778~758	V_2	IV_3	V_1~IV_3	IV_3	0.4347	双侧壁导坑	CRD法
YK3+758~738	IV_2	IV_3	IV_3	IV_3	0.3529	CRD法	CD法
YK3+738~718	IV_2	IV_2	IV_3~IV_2	IV_2	0.4542	CRD法	CD法
YK3+718~698	IV_2	IV_2	IV_2	IV_2	0.4780	CRD法	CD法
YK3+718~698	IV_2	IV_2	IV_2	IV_2	0.3923	CD法	CD法
YK3+698~678	IV_3	IV_2	IV_2~IV_1	IV_2	0.4887	CD法	CD法
YK3+678~658	IV_2	IV_1	III	IV_1	0.4137	CD法	CD法
YK3+658~638	IV_3	IV_2	IV_2	IV_2	0.4457	CD法	CD法

依据所评定结果，在设计围岩等级为V_2级隧道段的施工过程中，考虑围岩等级隶属于V_1级的可靠概率较大，故将原定的双侧壁导坑开挖变更为CRD法。在 ZK3+750~720 段设计围岩等级出现跳级，施工方亦考虑继续以 CRD 法开挖，并按V级一般进行支护。基于围岩等级可靠度评定方法，分别获取了现场实际围岩隶属于各亚级的可靠概率（见表3.3），评定为IV_3级，且考虑隶属于IV_2级的可靠概率亦大于V_1级的可靠概率，故建议施工可采用IV加强进行支护。后续监控量测数据显示，该处围岩拱顶沉降与净空收敛值均在规范允许范围内，监

测位移变化趋于稳定。

3. 讨论

在济南绕城高速老虎山隧道左线的施工过程中，针对同一掌子面不同区域围岩体，由不同单位的不同地质人员分别对其进行了现场地质调查及岩石强度试验，并分别计算了各自BQ值，统计结果如图3.5所示。由图3.5可知，即使是同一隧道里程掌子面，由于取样区间、仪器操作及个人经验、认知等不同，尤其是当掌子面围岩存在小型破碎带或软弱夹层等岩体质量局部显著变化的情况下，所得K_v值致使BQ有很大的离散性，甚至出现了跳级现象。在隧道围岩亚级分级中，这种离散性与随机性直接影响了围岩级别的最终评定结果。而本章所提围岩亚级分级可靠度分析方法在分级过程中考虑了岩体属性获取的不确定性及各指标的概率分布函数，充分利用了分类系统本身所蕴含的信息，克服了常规BQ法采用所谓的期望值引起的输入指标取值随意性大而导致计算结果鲁棒性差的缺陷。

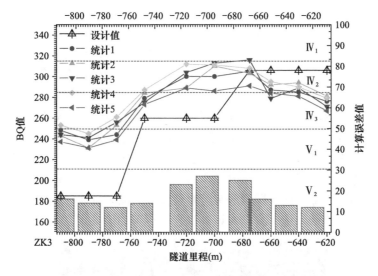

图3.5　老虎山隧道左线不同围岩分类结果及误差分析

Fig. 3.5　Classification results and error analysis of Laohushan tunnel right line

图3.6为老虎山隧道出口左线、右线已开挖段围岩等级可靠概率及所评定结果，由图3.6可知，隶属于各围岩等级的可靠指标均存在一定的延续性，由不同等级可靠指标可明显看出其变化趋势，体现了岩体结构本身在隧道施工过程中的延续性及彼此间的近相关性。而等级可靠性指标可定量地对这种地质属性的变化进行表征，为合理地确定工法转换区间提供数据支撑。虽然常规分类方法或评定指标也能通过其定量评定数值在一定程度上反映其相关性，如v_p波，RQD值等，但须基于精确的岩体属性指标获取，且各指标值仅能反映等级的类间差别，无法对其类内差别及分类信息本身的模糊性做出合理的定量评判。

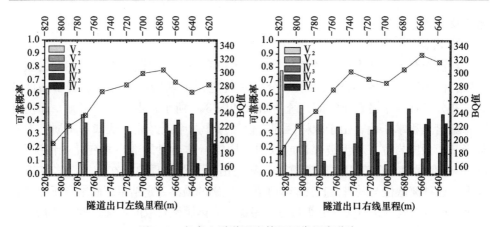

图 3.6　老虎山隧道围岩等级可靠概率分布

Fig. 3.6　Distribution of reliable probability attached to different surrounding rock levels in Laohushan tunnel

以 ZK3+720～700 为例，由于所得围岩等级可靠指标离散性较大，虽然评定等级一致，但其围岩最大隶属等级可靠概率偏低（评定为 $Ⅳ_3$ 的可靠概率为 0.3564，评定为 $Ⅳ_2$ 的可靠概率为 0.3168）。工程实际表明该处各临近掌子面揭露围岩情况变化较大（见图 3.7），地质调查显示连续 2 个爆破循环内掌子面岩体较完整，而左上区域岩体破碎，呈镶嵌状，且发育有软弱夹层，层间结合差。单纯 BQ 法很难确定应针对哪一区域进行代表性体积节理数统计，并作出合理评定。如仅是对中部多处较完整岩体进行统计，则可评定为 Ⅲ 级，造成潜在的施工风险；而如果仅针对局部破碎带及软弱夹层区进行 J_v 统计，则会得出围岩质量过差的评定结果。鉴于该处围岩等级可靠性指标较低，且实际揭露掌子面围岩持续发育有局部破碎带，施工方已对该处围岩进行了加固处理。

图 3.7　ZK3+720 围岩掌子面照片

Fig. 3.7　Photo of surrounding rock at working face ZK3+720

本章通过引入可靠度概念，充分考虑了 R_c 试验取样及 J_v 统计过程中的这种离散性、随机性问题，分析了其概率分布函数，从某种角度来讲，可靠指标大小可在一定程度上反映该处掌子面围岩信息的离散情况，可获取较为稳健地围岩等级评定结果。然而，该方法是建立在大量概率统计分析基础上的，评定过程中耗费大量的人力、物力。如何在保证评定结果可靠性的前提下寻求一种较为简捷、快速的方法，是目前施工方、设计方迫切需要的。

3.3 基于多参数表征的围岩等级 GPC 模型

随着计算机科学的迅猛发展，数据挖掘技术（Data Mining）在自然科学的各个领域得到广泛应用，包括气象学、环境科学、地质学、农林学等领域的多个层面，在围岩等级分级领域有关参考文献也不在少数。其中，以人工神经网络（ANN）、支持向量机（SVM），以及其后的粒子群算法、蚁群算法、遗传算法等等应用最为广泛。然而，由于自身缺陷，在应用过程中尚存在不足之处，如 ANN 训练须基于大样本数据，且易出现过拟合；而 SVM 虽然可以处理小样本问题，但其本身核函数及其参数等难以确定，存在一定的局限性。而高斯过程作为一种新近的数据挖掘算法，有严格的统计学习理论基础，对于处理高维数、小样本、非线性等复杂问题具有良好的适应性[136]。这就为围岩等级的高斯过程分类（Gaussian Process Classification）提供了理论基础。同时，第 2 章节中"隧道裂隙岩体图像处理与结构信息多元解译系统"则为其岩体破碎程度、节理发育程度等结构信息的多参数量化表征提供了数据支持；且上述通过围岩等级可靠度分析所得计算结果，也为围岩等级的高斯过程分类提供了较为稳健地学习样本及相应评定标准。

3.3.1 围岩等级高斯过程分类模型

1. 高斯过程分类原理

在机器学习领域中，高斯过程是指建立在高斯随机过程与贝叶斯学习理论的基础上发展起来的一种机器学习算法。在 GPC 模型中，设一个输入 x 相对应的输出值为二元分类标示 y，$y \in (-1,1)$；观察数据集为 $D = \{(x_i, y_i) | i=1, \cdots, m\}$。GPC 模型的目标就是对预测样本 x^* 进行预测其对应的类别 y^*。限于篇幅，仅作简单介绍，具体原理参见文献 [136]。

对于确定的 x，$p(y|x)$ 分布为伯努利分布，$y=1$ 的概率为 $p(y=1|x) = \Phi(f(x))$，其中 $f(x)$ 称为潜在函数，$\Phi(\cdot)$ 为标准高斯分布的累计概率密度函数，一般可取为 Sigmoid 函数

$$\Phi(z) = \frac{1}{1+e^{-z}} \tag{3.30}$$

Sigmoid 函数的作用是将任意区间的 $f(x)$ 转换为 [0, -1] 区间的函数值，

从而保证概率值落在 [0, 1] 区间。

设 $f_i=f(x)$, $f=[f_1,\cdots,f_m]^T$, $y=[y_1,\cdots,y_m]^T$, $X=[x_1,\cdots,x_m]^T$, 对于给定的潜在函数，观察值是独立的伯努利分布变量，其似然函数为

$$p(y\mid f)=\prod_{i=1}^{\infty}p(y_i\mid f_i)=\prod_{i=1}^{\infty}\Phi(y_if_i) \tag{3.31}$$

潜在函数的先验分布为

$$p(f\mid X,\theta)=N(0,K) \tag{3.32}$$

式 (3.32) 中 K 为 $m\times m$ 阶协方差矩阵，$K_{ij}=k(x_i,x_j,\theta)$, $(i,j=1,\cdots,m)$, $k()$ 表示与 θ 有关的正定协方差函数，θ 称为超参数。其中常用的协方差函数为

$$k_y(x_p,x_q)=\sigma_f^2\exp\left(-\frac{1}{2l^2}\parallel x_p-x_q\parallel^2\right) \tag{3.33}$$

式 (3.33) 中，超参数 $\theta=\{l,\sigma\}$, 可由潜在函数 f 的极大似然法自适应获得。

通过不断获得实际观察值后，根据贝叶斯规则，潜在函数 f 的后验分布为

$$p(f\mid D,\theta)=\frac{p(y\mid f)p(f\mid X,\theta)}{p(D\mid\theta)}=\frac{N(0,K)}{p(D\mid\theta)}\prod_{i=1}^{\infty}\Phi(y_if_i) \tag{3.34}$$

对于 x^* 对应的潜在函数值 f^* 的条件概率为

$$p(f^*\mid D,\theta,x^*)=\int p(f^*\mid f,X,\theta,x^*)p(f\mid D,\theta)\mathrm{d}f \tag{3.35}$$

y^* 的预测概率为

$$p(y^*\mid D,\theta,x^*)=\int p(y^*\mid f^*)p(f^*\mid D,\theta,x^*)\mathrm{d}f^* \tag{3.36}$$

当 y^* 的预测概率值大于 0.5 时，$y^*=1$, 否则 $y^*=-1$（图 3.8）。但是，式 (3.34)～式 (3.36) 均没有解析解。可采取 Expectation Propagation 法逼近方法获得近似解。

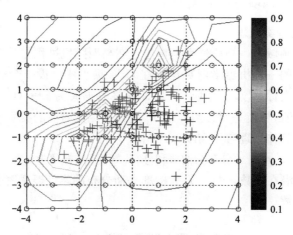

图 3.8　高斯过程分类模型示意图

Fig. 3.8　The sketch map of GPC model

设 m 和 A 为近似解的均值和方差,潜在函数 f 后验分布的近似高斯分布为
$$p(f \mid D,\theta) \approx q(f \mid D,\theta) = N(m,A) \quad (3.37)$$
同样,f^* 的后验分布可设为近似的高斯分布
$$q(f^* \mid D,\theta,x^*) = N(\mu^*,\sigma^{*2}) \quad (3.38)$$
式(3.38)中的均值和方差为
$$\mu^* = k^{*\mathrm{T}} K^{-1} m \quad (3.39)$$
$$\sigma^{*2} = k(x^*,x^*) - k^{*\mathrm{T}}(K^{-1} - K^{-1}AK^{-1})k^* \quad (3.40)$$
式中,$k^* = [k(x_1,x^*),\cdots,k(x_m,x^*)]^{\mathrm{T}}$ 表示 x^* 与训练输入 X 之间的先验协方差矢量。

通过上述的非高斯分布转换为近似高斯分布方法处理后,x^* 属于 $y^*=1$ 类的预测概率有如下解析解
$$q(y^* = 1 \mid D,\theta,x^*) = \Phi\left(\frac{\mu^*}{\sqrt{1+\sigma^{*2}}}\right) \quad (3.41)$$

2. 围岩等级 GPC 模型构建

隧道围岩等级判识是一个多元分类问题。以国标 BQ 法为例,则其围岩亚级分级在 R_c-K_v 的二维分布如图 3.9 所示。本节思路就是将多元分类问题分解成若干个二元分类问题,分别对各岩体质量级别进行"是与非"的判别,二元分类方法的实现步骤如下:

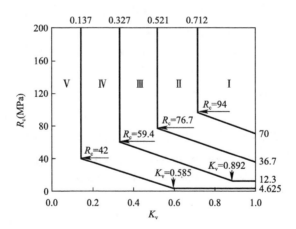

图 3.9 国标 BQ 的图解法示意

Fig. 3.9 Sketch for the BQ method

(1)基于上节隧道围岩等级可靠性评定方法所得分类结果建立学习样本 (x_i, y_i),$i=1,\cdots,k$,输入向量 x_i 代表围岩等级各主要影响因素的量测/试验均值;输出标量 y_i 代表实例中围岩级别(是为 1,非为 -1)。

(2)据贝叶斯规则对训练样本进行"归纳推理学习":根据式(3.34)、式

(3.37) 获得学习样本潜在函数 f 后验分布的近似高斯分布，其中协方差函数的最优超参数 θ 由式（3.33）获得。

（3）基于式（3.38）～式（3.40）获得预测样本潜在函数 f_* 的后验近似高斯分布。

（4）据式（3.41），获得围岩类型的预测概率：当预测概率 $q>0.5$ 时，围岩类型判定为"属于某级别"；预测概率 $q\leqslant 0.5$ 时，判定为"不属于某级别"。

3.3.2 岩体结构信息多参数表征

在大多分类或聚类分析方法中，无论是岩爆发生和烈度分级、岩体质量评定、膨胀土等级，还是塌方、突水、泥石流等风险评估领域，所用观测样本数据多为国内外典型案例，具有较好的代表性。那么如上述所言，是否可以将同一个隧道的评定结果作为其观测样本集呢。笔者认为，这恰恰是极为合理的。隧道作为一个完整的系统工程，其在一定工程岩体区间内也具有自相似性。尤其是在同一隧道、隧址区乃至同一隧道群，其地质构造、地层结构、岩体属性等都是大同小异的，然而，在隧道实际施工中，却往往忽略了这种已开挖段所揭露岩体的自然属性，而这恰恰是对后续岩体质量评定以及相应的施工工法、支护参数确定等有重要指导意义的。如此一来，便可具体工程具体分析，通过已观测样本集，选取对该隧道工程有重要影响或敏感性高的指标，同时可摒弃在该工程中反而没那么重要的指标，而不必拘泥于各种围岩等级评定标准或方法中。

此外，所选评定指标既要能真实地反映隧道揭露岩体的基本属性，又要考虑工程实际及可操作性。通过分析国内外岩体分级方法和各标准中分类因素的选用情况[136,137]（见表3.6），将影响围岩稳定性的评定指标归纳为 3 类：围岩结构发育特征指标、赋存地质环境特征指标和工程因素指标，其中，岩体结构发育特征指标包括完整岩块强度特征指标、岩体结构空间分布几何形态指标及岩体结构面自身发育状况指标，赋存地质环境特征指标包括地应力特征和地下水状况两大指标。

国内外岩体方法和标准中的分类因素选用情况　　　表 3.6
The electing factors in methods and standards of rock mass classification at home and abroad
Tab. 3.6

编号	国别	分级方法或标准	分类因素							
			岩石坚硬程度	RQD	岩体完整程度	结构面状态	地质构造	地应力	地下水	结构面产状
1	中国	工程岩体分级标准	√	—	√	—	√	√	√	√
2		岩土工程勘察技术规范		√	√	√				
3		公路隧道设计规范	√		√	√				√
4		铁路工程岩土分类标准	√		√	√	√			

续表

编号	国别	分级方法或标准	岩石坚硬程度	RQD	岩体完整程度	结构面状态	地质构造	地应力	地下水	结构面产状
5	中国	水电工程地质勘察规范	√	—	√	√	—	√	√	√
6		锚杆喷射混凝土技术规范	√	—	√	√	√	√	√	—
7		公路桥涵地质与基础设计规范	√	—	—	√	√	—	—	—
8		港口工程地质勘察规范	—	√	—	—	—	—	—	—
9		建筑边坡工程技术规范	√	—	√	√	—	—	√	—
10	南非	节理岩体地质力学分类 RMR	√	√	√	√	—	—	√	—
11	挪威	Q 系统法	—	√	√	√	—	√	√	—
12	日本	新奥法设计施工指南围岩分类	√	—	√	√	—	—	√	—
13	印度	围岩收敛变形分类	√	—	—	—	—	√	—	√

然而，如上述所言，从具体隧道工程本身来讲，评定指标的遴选既要符合目前主流的围岩等级评定规范，又要结合工程本身的地质构造特征及岩体结构发育特征，以求具体问题具体分析，使所选指标更符合工程本身。本书第 2 章中基于裂隙岩体图像处理与结构信息多元解译系统，可较为便携、准确地实现岩体结构空间几何展布特征及岩体结构面自身发育特征的多参数量化表征。其中，裂隙率、迹线间距、分维数、结构面产状信息等均可从多角度表征岩体完整程度及结构面自身发育程度，而这恰恰是常规手段中较难以量化的指标参数。

以老虎山隧道为例，综合考虑其本身工程特性，因其工程尺度范围内岩体破碎、节理、层理发育，且多存在软弱夹层、小型断层破碎带等，故宜采用多参数对其岩体完整程度进行表征，且老虎山隧道层理多为近水平发育，裂隙、软弱夹层多为垂向发育，基本典型结构面产状信息较为稳定，即结构面产状与隧道轴向组合关系较为固定，因此暂不考虑将该工程因素作为评定指标；此外，老虎山隧道多为浅埋段，平均埋深不足 50m，且无大型地质构造，水平初始地应力的影响可忽略不计。在充分考虑评定指标的工程可操作性及可量化表征的基础上，初步遴选出以下 5 评定指标：岩石单轴饱和抗压强度 σ_{ci}，岩体体积节理数 J_v，岩体裂隙率 R_c，结构面间距 d，地下水状况 A_w。

其中，岩石单轴饱和抗压强度反映完整岩块强度特征，此处以掌子面典型代表区域的岩石试验数据为准；而岩体结构空间几何分布特征主要反映待评岩体结构的空间展布形态及其完整程度，据此，选取现场较易测得的岩体体积节理数作为岩体结构空间几何分布特征的基础评价指标，而裂隙率可从一定程度上反映掌子面岩体的结构面自身发育程度，同时辅以结构面间距 d 作为多参数表征的评定指标。需要注意的是，结构面间距会因选取量测或拍摄掌子面区域的不同而变化，为减小不必要的量测误差，以典型区域掌子面岩体的结构面间距为准。此外，老虎山隧道由于地处"泉城"济南，降雨时节较为显著，且地理位置上紧邻浆水泉水库，加之该隧道埋深较浅，隧道施工范围内岩体裂隙发育，地表降雨极易通过裂隙导水侵入隧道围岩区域，2017 年 7 月，老虎山隧道就因雨季降雨较为集中，致使隧初支段多处发生淋水现象，掌子面岩体裂隙因地下水浸润，结构面力学参数弱化，发生多次掉块、局部塌方事故。故须将地下水状况作为主要指标考虑。鉴于评价体系的量化要求，可借鉴 Bieniawski 岩体分级（RMR）法[21]中地下水指标 A_5 的评定准则，根据隧道掘进过程中地下水水量和水压的测定以及渗漏水情况的直观判断。

3.3.3 实例验证

综合考虑老虎山隧道本身的工程地质属性及前述围岩等级可靠性计算结果，选取表 3.7 中分析数据及评定等级作为学习样本集进行训练。经前述综合分析，确定岩石单轴饱和抗压强度 $\sigma_{ci}(X_1)$，岩体体积节理数 $J_v(X_2)$，岩体裂隙率 $R_c(X_3)$，结构面间距 $d(X_4)$，地下水状况 $A_w(X_5)$ 作为判别因子。根据上述计算结果中的围岩级别，并充分考虑已开挖岩体围岩等级评定情况，以及该隧道具体设计开挖工法类别，将岩体质量分为 III$_2$ 级（G_1）、IV$_1$ 级（G_2）、IV$_2$ 级（G_3）、IV$_3$ 级（G_4）和 V 级（G_5）5 个类别（总体），因此该工程围岩分类是一个五元分类问题，可分解为五个二元分类问题。即总体 $G=\{X_1,X_2,X_3,X_4,X_5\}$ 为五元总体，建立围岩等级评定的高斯过程分类模型。

围岩等级 GPC 模型学习样本　　　　表 3.7
Training samples of GPC model for surrounding rock grade　　Tab. 3.7

序号	隧道里程	单轴饱和抗压强度 σ_{ci}	岩体体积节理数 J_v	区域裂隙率 R_c	结构面间距 d	地下水状况 A_w	设计等级	实际等级	GPC 评定
1	ZK3+810～790	51.07	31	55.85	0.12	14	V	V	V
2	ZK3+790～770	46.82	27	51.49	0.15	13	V	V	V
3	ZK3+770～750	50.60	27	46.22	0.20	13	V	V	V
4	ZK3+750～720	53.77	26	35.74	0.22	12	IV$_3$	IV$_3$	IV$_3$
5	ZK3+720～700	52.64	24	31.37	0.23	10	IV$_3$	IV$_3$～IV$_2$	IV$_3$
6	ZK3+700～675	50.86	22	27.97	0.25	9	IV$_3$	IV$_2$	IV$_2$

续表

序号	隧道里程	单轴饱和抗压强度 σ_{ci}	岩体体积节理数 J_v	区域裂隙率 R_c	结构面间距 d	地下水状况 A_w	设计等级	实际等级	GPC评定
7	ZK3+675~660	54.15	24	29.31	0.22	7	IV$_2$	IV$_2$	IV$_2$
8	ZK3+660~640	52.77	23	31.42	0.23	5	IV$_2$	IV$_2$	IV$_2$
9	ZK3+640~620	46.31	27	47.25	0.18	4	IV$_2$	IV$_3$	IV$_3$
10	ZK3+620~600	51.43	18	39.83	0.30	5	IV$_2$	IV$_2$	IV$_2$
11	ZK3+600~580	49.54	14	29.11	0.34	5	IV$_2$	IV$_1$	IV$_1$
12	ZK3+580~560	56.17	18	26.10	0.33	8	IV$_2$	IV$_1$	IV$_1$
13	ZK3+560~540	57.22	19	28.28	0.30	11	IV$_2$	IV$_1$	IV$_1$
14	ZK3+540~520	56.81	16	22.69	0.30	11	IV$_2$	IV$_1$	IV$_1$
15	ZK3+520~500	57.15	18	27.07	0.29	9	IV$_2$	IV$_1$	IV$_1$
16	ZK3+500~480	57.66	16	21.22	0.31	12	IV$_2$	IV$_1$	IV$_1$
17	ZK3+480~460	55.97	14	15.45	0.35	13	IV$_2$	IV$_1$	IV$_1$
18	ZK3+460~440	58.06	14	12.96	0.37	12	IV$_2$	IV$_1$	IV$_1$
19	ZK3+440~420	63.05	13	9.68	0.42	13	IV$_2$	III$_2$	III$_2$
20	ZK3+420~400	64.28	11	13.71	0.45	14	IV$_2$	III$_2$	III$_2$
21	ZK3+400~380	63.32	9	12.03	0.46	13	IV$_2$	III$_2$	III$_2$
…	…	—	—	—	—	—	—	—	—
28	ZK3+260~240	61.91	10	9.24	0.42	13	IV$_2$	III$_2$	III$_2$
29	ZK3+240~220	58.30	9	8.75	0.47	14	IV$_2$	III$_2$	III$_2$
30	ZK3+220~200	59.66	10	9.27	0.45	13	IV$_2$	III$_2$	III$_2$

以 X_1、X_2、X_3、X_4 和 X_5 这 5 个指标作为输入层单元，以 G_1、G_2、G_3、G_4 和 G_5 作为输出层单元。选取 30 组围岩等级可靠性评定数据作为学习样本（表 3.7），其余 10 组作为预测样本。其中，在最优超参数搜索过程中，超参数初始值设为（0，0），共轭梯度优化算法的收敛标准设为最大迭代步数为 200。可经过 5 次分类判别获取最优超参数，计算结果如表 3.7 所示。可知：除 ZK3+720~700 段，围岩 GPC 模型分类结果与实际工况基本一致；究其原因则是因 ZK3+720~700 段为围岩等级变更区间段，后续评定揭示 ZK3+720~710 段为 V$_3$ 级别，ZK3+710~700 段为 IV$_2$ 级。可以认为，该模型已经训练稳定。同时，该学习效果也表明：就具体隧道而言，应尽可能多并详尽地收集隧道实测数据来构建学习样本，以提高模型的适用性与所得结果的鲁棒性。

基于所构建高斯过程分类模型，后续围岩等级评定结果如表 3.8 所示，通过比对可看出，GPC 判别结果与实际围岩类别完全一致。可见，基于岩体结构信息多参数表征的高斯过程分类模型用于围岩等级评定是切实可行的，可为隧道施工全过程围岩快速分级提供确切指导。

围岩等级高斯过程分类结果　　　　　　　　　表 3.8
Surrounding rock grade evaluation results by GPC　　Tab. 3.8

序号	隧道里程	单轴饱和抗压强度 σ_{ci}	岩体体积节理数 J_v	区域裂隙率 R_c	结构面间距 d	地下水状况 A_w	设计等级	实际等级	GPC评定
1	YK3+818~798	48.33	32	60.71	0.11	13	V	V	V
2	YK3+798~778	46.08	32	58.46	0.11	15	V	V	V
3	YK3+778~758	48.30	26	51.05	0.18	13	V	IV₃	IV₃
4	YK3+758~738	49.07	21	33.63	0.21	10	IV₂	IV₃	IV₃
5	YK3+738~718	54.13	22	34.25	0.19	9	IV₂	IV₂	IV₂
6	YK3+718~698	44.92	18	31.05	0.28	7	IV₂	IV₂	IV₂
7	YK3+698~678	49.85	17	33.32	0.26	4	IV₃	IV₂	IV₂
8	YK3+678~658	52.19	16	27.39	0.27	5	IV₃	IV₁	IV₁
9	YK3+658~638	43.98	18	32.25	0.24	8	IV₃	IV₂	IV₂
10	YK3+638~618	41.14	20	38.76	0.23	11	IV₃	IV₃	IV₃

3.4 本章小结

（1）本章基于《工程岩体分级标准》，通过分析岩石强度及岩体完整程度等评价指标的概率分布规律，引入体系可靠度分析理论，构建了不同围岩等级功能函数，经 MCS 法计算围岩隶属于各评定等级的可靠概率，进而提出了基于国标 BQ 法的围岩亚级分级可靠度分析方法。

（2）围岩分级可靠度分析方法充分考虑了评价指标的不确定性及离散性，计算可靠性指标可更为直观地对围岩等级做出鲁棒评估，且可靠概率可在一定程度上反映掌子面围岩信息的离散程度，间接地将掌子面局部破碎带等反映在岩石强度、岩体完整程度等统计信息中。

（3）等级可靠指标的延续性可对隧道施工过程中地质属性的变化情况进行定量表征，有助于工程地质人员据此对围岩质量的渐变过程进行动态评估，为合理确定隧道施工工法转换区间，优化支护参数提供确切指导。

（4）围岩分级的可靠度分析方法是基于国标 BQ 法所建，具有明确的计算公式。由于工程中大多围岩分级体系多是综合定性、定量指标进行模糊评分确定，对不同的围岩分级评定指标，甚至分级评价模型可考虑通过体系可靠度理论进行综合分析，但就如何建立各自合理的功能函数仍需进一步研究。

（5）对岩体破碎程度的合理描述是诸多围岩分级方法、体系中最为普遍的问题，也是各评定方法所得结果迥异的重要原因之一。基于自主研发的裂隙岩体图像处理与结构信息解译系统，实现了岩体结构信息的多参数表征及定量化分析，为隧道施工全过程围岩快速分级提供了技术支撑。

（6）围岩分级与其影响因素间存在着复杂的非线性映射关系。本章以老虎山隧道为例构建了基于高斯过程的隧道围岩分类模型；但就某具体隧道而言，应尽可能多地收集该隧道或相似隧道的实测数据来构建新的学习样本，以提高模型的适用性与所得结果的鲁棒性。

第4章 考虑随机节理仿真模拟的围岩非连续变形分析

4.1 引言

围岩稳定性分析一直是隧道修建过程中的关键问题，其分析手段一般分为定性分析与定量分析两种。在上一章节，已通过围岩等级可靠性评定方法及高斯过程分类模型对其围岩等级进行了鲁棒评估。然而，围岩分级与岩体质量评定作为一种定性分析手段，均未将开挖跨度、隧道形状等工程因素考虑在内，也未将断层、软弱破碎带、软弱夹层等特殊地质体作为评定指标进行分析。因此，工程类比法并不能很好地运用于复杂地质条件下尤其是裂隙岩体超大断面隧道的修建中，故应综合其他方法对裂隙岩体中隧道围岩的稳定性状况进行合理评定。

解析法与数值计算是定量分析裂隙岩体稳定性最为常用的方法。解析法优势在于有明确的目标，理论体系较为精确，然而其只适用于那些边界条件较为简单及介质特性不太复杂的情况，多数的裂隙岩体工程在特定条件下只能用数值法求解。近年来，一些考虑岩体非连续特性的数值方法逐步受到岩石力学界关注。其中，非连续变形分析方法（DDA）即是由石根华博士提出的分析块体运动与变形的一种数值方法[54,55]，该方法基于最小势能原理建立系统方程，具有完备的块体运动学理论。而针对DDA中不能解决断续节理岩体破坏问题，焦玉勇等[138,139]构建了一种断续节理岩体破坏过程的分析方法——DDARF。该法可模拟岩体裂纹萌生、扩展、贯通、破碎的全过程，得到了许多学者的认可与持续研究[140-147]。但目前DDARF计算模型的结构面信息多是人为假定，或是基于测线法、取样窗法等传统采集方式获取，并运用MCS法构造概率分布模型，以使模拟效果达到要求标准。随机模型虽能合理地描述工程区域结构面的几何展布状况，但概率性描述终究无法模拟确定岩体结构的特定位置，其计算结果与工程实际差距较大。尤其是掌子面及其周边岩体，其结构面展布情况直接影响着围岩体受力状况、裂隙演化规律及变形破坏特征。与之前提到的"数据不完备的复杂地质系统与理论严密的数学模型之间严重脱节成为确定性分析方法的瓶颈"之定论不谋而合。

其实，对于数值模型而言，尤其是非连续介质模型，很难做到所构建模型与工程实际完全吻合，而这种岩体结构的不确定性，尤其是其几何展布的不确定性，我们也很难去进行类似于解析解中的可靠度计算。毕竟比之于解析计算，数值计算中涉及的边界条件、参数设定、模型构建等更为复杂。换句话说，可能在解析解中，就某一不确定性参数，我们只需获取其概率分布函数或其区间值，即可通过迭代或蒙特卡罗法等进行求解计算。但对于数值计算而言，单就一个节理网络模型就千差万别，如果也按求解可靠度的思路来，且不说计算机运行能力和耗时，就问题本身而言，就已本末倒置了。

目前来看，通过摄影测量来获取岩体结构面信息的非接触式采集技术已渐趋成熟，而基于系列图像处理与特征提取算法，可真实获取结构面迹长、倾角、间距等节理展布信息，国内外许多学者将此与关键块体理论、岩体三维网络模型重构等相结合，并取得了不错的研究效果[148-153]。由此可见，利用已知的确定性岩体结构信息对随机节理网络模型进行动态修正，或是将两者融合来构建"随机-确定"耦合模型，是后续岩体结构网络模型乃至数值模型构建的重要发展方向。

为此，本章充分考虑数值模型中随机节理几何展布的不确定性，以老虎山超大断面隧道为工程依托，基于 SirvisionV5.0 摄影量测技术，通过图像处理与特征提取获取掌子面区域节理、裂隙真实展布信息，基于第 3 章中围岩等级可靠性评定方法对其稳定性进行初判，其后采用 DDARF 法对老虎山隧道进行非连续变形分析。其中模型中的真实节理采用 MCS 法模拟生成，并通过前述实测节理信息对掌子面区域节理展布及相应力学参数进行动态修正，以实现工程岩体范围内确定性节理展布的仿真模型构建。基于该模型对围岩裂隙演化及变形破坏机制进行数值模拟，并与常规模型计算结果进行对比验证。此外，针对隧道拱顶及拱肩的块体塌落现象，引入裂隙扩展率这一指标，对无锚与有锚支护下的岩体裂隙演化规律进行了定量化对比分析。同时，针对浅埋小净距段围岩，以裂隙扩展破碎区贯通与否作为中夹岩柱稳定性的评定依据，分别就无锚、系统锚杆支护、中夹岩柱水平加长锚杆支护三种工况下的围岩变形及裂隙扩展情况进行对比分析，以期对裂隙岩体隧道修建过程中围岩的整体受力状况、变形破坏特征等进行系统分析。

4.2 基于双目立体摄影的节理信息仿真提取

4.2.1 节理信息仿真提取

1. 双目立体摄影量测

双目立体摄影量测是本章结构面真实展布信息获取的技术手段，CAE Sirovision 即是一种基于双目摄像原理开发的专门用于岩体结构面调查、分析的三维非接触测量系统。该系统通过获取同目标区域的异视角图相对（图 4.1），进行图像匹配、坐标转换、精度校验等实现岩体表观 3D 模型构建，并采用交互式操作方法,实现结构面辨识及几何参数确定[153]。其基本工作流程如图4.2所示。

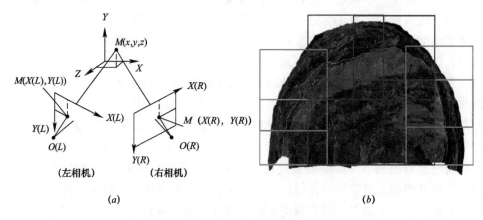

图 4.1 双目立体测量原理

Fig. 4.1 Principle of binocular stereo measuring

(a) 立体量测几何原理;(b) 近景量测岩体分区

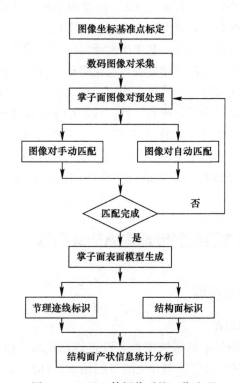

图 4.2 双目立体摄像系统工作流程

Fig. 4.2 Workflow of binocular stereo camera system

为将近景摄影测量网纳入到给定物方测量网中，采用徕卡TS09plus全站仪以隧道水准测量控制网为基础，通过双盘测回结合三次重复照准的冗余观测法，进行掌子面控制点大地坐标测量。其中控制点布设方式如图4.3所示，以A、B、C三点解算模型三维大地坐标，以冗余控制点D为基准，采用距离判定法进行解算精度分析[153]。

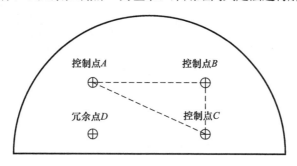

图4.3 控制点四角点布设方式

Fig. 4.3 The setting of control points

2. 结构面特征提取与统计

掌子面岩体图像是节理真实展布信息的数据来源。本章以老虎山隧道ZK3+397为例，所采集原始图像如图4.4所示（由于老虎山隧道为超大断面隧道，为保证图像精度，分别获取左、中、右三图像对）。将采集图像及3控制点坐标（见表4.1）导入Sir5.0结构面处理软件，按上述操作步骤实现各节理、软弱夹层等结构信息的提取与统计分析（图4.5）。

图4.4 ZK3+397掌子面数码图像

Fig. 4.4 Images of the tunnel face in ZK3+397

点号	X坐标	Y坐标	Z坐标
\multicolumn{4}{c}{ZK3+397断面控制点坐标 表4.1}			

点号	X坐标	Y坐标	Z坐标
1	44861.8717	54314.4058	206.8036
2	44862.0801	54317.1818	205.9141
3	44862.3458	54309.9393	205.7706

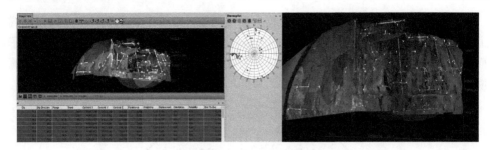

图 4.5 结构面提取图

Fig. 4.5 Extraction of structural plane

3. 节理概率分布函数确定

为保证所得结构面产状信息的鲁棒性，获取合理的概率分布模型，每爆破一个循环，进行一次信息采集，共进行三次数据采集，进而获取各结构面的产状玫瑰花图、结构面间距、迹长的概率分布模型（见图 4.6）。

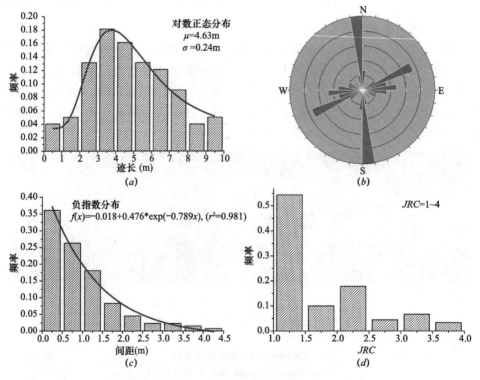

图 4.6 各结构面产状信息的概率分布模型及参数（一）

Fig. 4.6 Probabilistical distribution models and their relevant parameters of orientation of structural planes（一）

(a) 节理可见迹长分布概率；(b) 优势产状玫瑰花图；
(c) 节理间距分布概率；(d) 节理粗糙度分布概率

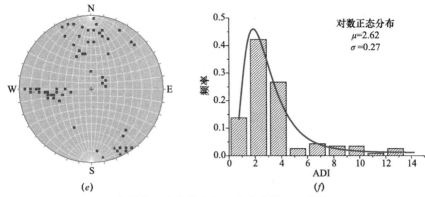

图 4.6 各结构面产状信息的概率分布模型及参数（二）

Fig. 4.6 Probabilistical distribution models and their relevant parameters of orientation of structural planes（二）

(e) 结构面密度分布图；(f) 节理蚀变度分布概率

4.2.2 围岩等级可靠评定

基于文中第 1 章所述常用围岩分类方法，选取较为通用的 Q 系统法及《工程岩体分级标准》BQ 法同步对围岩等级进行评定，具体评定标准及流程参考本书第 3 章内容。实测围岩评定指标数据与各自分布规律见图 4.7。为简化计算，在统计各修正系数 k_i 及围岩应力折减系数 SRF 过程中引用区间数理论。鉴于该段各掌子面多干燥无水，且隧道埋深一般在 45~60m，初期勘探过程中隧道沿线并未发现较大的地质构造体，参考其已开挖过程揭露岩体信息、设计资料等，设定围岩应力折减系数 $SRF_{min}=1.5$，$SRF_{max}=3.5$，裂隙水折减系数 $J_w=1.0$。基于围岩结构精细化描述结果，由前述所提围岩亚级分级可靠度分析方法获得其对应的围岩类别概率统计如表 4.2 所示。

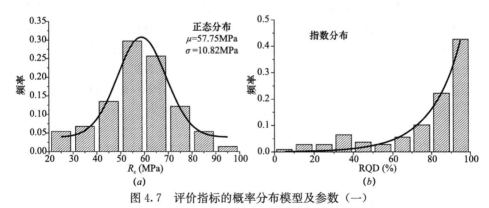

图 4.7 评价指标的概率分布模型及参数（一）

Fig. 4.7 Probabilistical distribution models and their relevant parameters of evaluation indexes（一）

(a) 岩石单轴饱和抗压强度 R_c；(b) 岩石质量指标 RQD

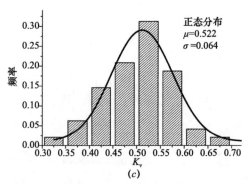

图 4.7 评价指标的概率分布模型及参数（二）
Fig. 4.7 Probabilistical distribution models and their relevant parameters of evaluation indexes（二）
(c) 岩体完整性系数 K_v

ZK3+420～380 段围岩隶属于各等级的统计概率　　　　表 4.2
Membership probability attached to different surrounding rock levels in ZK3+420～380　　Tab. 4.2

围岩级别	Q 法隶属度	BQ 法隶属度	隶属等级
Ⅰ	0.0164	0	
Ⅱ	0.0668	0.0131	
Ⅲ	0.6615	0.6608	Ⅲ₂
Ⅳ	0.2101	0.3249	
Ⅴ	0.0452	0.0012	

由表 4.2 可知，在充分考虑各评定指标的概率分布情况下，Q 系统法与 BQ 法均表明 ZK3+420～380 段围岩评定为Ⅲ级的隶属概率最大，且有三级偏四级的迹象，整体来看围岩质量较好。但由于老虎山隧道为双向八车道隧道，且开挖揭露岩体持续发育有贯通的软弱夹层及长大控制性裂隙，而目前各围岩分级方法中均未考虑隧道跨度、断面形状，以及所发育软弱夹层、断层破碎带等不良地质体对围岩稳定性的影响，因此在隧道实际施工过程中，虽然掌子面岩石强度为坚硬-较坚硬，围岩整体完整性较好，一般呈厚层状，但拱肩及拱顶发生巨石垮塌及连续掉块的现象时有发生，单一的围岩分级无法综合地对围岩稳定性做出合理评价。为此，基于上述所得岩体结构面产状信息，拟构建掌子面区域节理真实展布的仿真模型，并采用改进的非连续变形分析（DDARF）法对该处围岩变形、破坏过程进行数值模拟，以进一步探究围岩稳定性状况。

4.3　基于节理网络仿真模型的围岩非连续变形分析

4.3.1　DDARF 节理试件裂隙扩展试验

DDARF[138,139]是基于改进的 DDA 法，用来解决断续节理岩体的破坏问题。

该法采用有限元网格生成法将计算区域剖分成三角块体单元。块体边界分为真实节理与虚拟节理边界，在没有达到破坏准则前各边界均定义为虚拟节理，计算中达到断裂破坏准则后则转化为真实节理，并赋以真实节理强度参数。断续节理的变形、破坏过程可认为是虚拟节理的开裂、扩展和贯通，同时伴随着虚拟节理力学属性减弱、断续节理整体强度降低。为验证 DDAR 在模拟岩体裂隙萌生、扩展、贯通、破碎全过程的合理性，基于 DDARF 程序，分别开展节理试件的单轴压缩试验、巴西劈裂试验以及剪切试验模拟，并与室内试验结果进行比对。

1. 单轴压缩试验

由试件室内单轴加载试验[144]和工程经验可得到其平均抗压强度、弹性模量等参数如表 4.3 所示。其中，试件的具体试验步骤及过程可参考文献 [144]，此处不再赘述。所模拟试件中设置 3 条节理，中间一条位于试件中部，上下两条与相邻节理垂直距离为 20mm。

类岩石试件力学参数　　表 4.3
Mechanical parameters of similar rock specimen　　Tab. 4.3

类别	重度 (kN·m^{-3})	弹性模量 (GPa)	泊松比	内摩擦角 (°)	黏聚力 (MPa)	抗拉强度 (MPa)
岩体	26	15	0.15	56	2.5	5.8
虚拟节理	—	—	—	35	2.0	3.5
真实节理	—	—	—	30	0	0

DDARF 模拟的节理试件裂隙扩展及位移云图如图 4.8 所示，从试件裂隙扩展的规模和形态来看，DDARF 数值计算与室内试验结果是非常吻合的。裂隙扩展主要受控于原生节理的翼裂纹扩展，有少量次生裂隙产生；随着施压的不断进行，翼裂纹逐渐延伸，规模逐渐扩大，方向基本与轴向荷载施加方向平行，翼裂纹扩展方向原生节理间出现岩桥搭接，发展到一定程度后引起试件的整体破坏。可知，由于原生节理的存在，节理试件翼裂纹扩展产生明显损伤效应，降低了试件峰值强度。

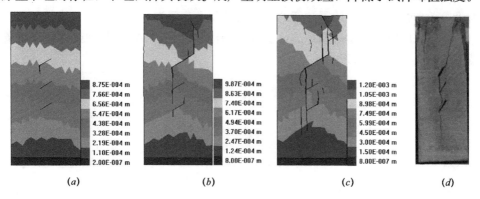

图 4.8　单轴压缩试验中节理试件裂隙扩展

Fig. 4.8　Crack expansion of jointed specimen under the uniaxial compression test

2. 巴西劈裂抗拉试验

室内巴西劈裂试验中圆盘试样取自济南绕城高速项目沿线隧道掌子面岩体，其中圆盘试样有少量断续节理，但胶结较好。通过 DDARF 软件模拟岩样在劈裂试验过程中裂隙演化过程，进一步分析局部断续节理对裂隙演化规律的影响。

在加载条件下，节理扩展及应力云图如图 4.9 所示。由图 4.9 可知，裂纹扩展大致分为 3 个阶段：初始阶段随着加载进行，巴西圆盘试样加载端逐渐产生相对于 y 轴对称的位移和变形，裂纹开始萌生，试样首先在加载方向一端产生张拉主裂纹；中期主裂纹从试样右侧向左侧逐步拓展延伸，处于稳定扩展阶段，试样产生次生损伤微裂纹，并在右侧形成了个别三角形粉碎区；后期主裂纹处于非稳定扩展贯通破坏阶段，在主裂纹两侧多处单元发生损伤，形成大量的次生损伤微裂纹，试样整体被破坏，数值模拟效果与室内试验结果较为吻合。

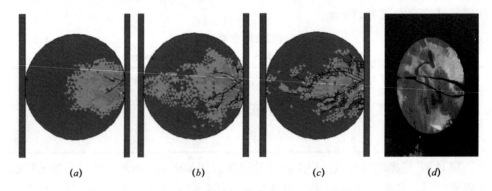

图 4.9　巴西圆盘试件裂纹扩展及应力云图

Fig. 4.9　Crack expansion of jointed specimen under the Brazilian test

3. 节理试件剪切试验

剪切试验室内试件制作与上述单轴压缩试验类似，试件的具体试验步骤及过程可参考文献［144］，值得注意的是，该处预设节理为一条有一定分维数的断续粗糙节理，以更为真实地模拟岩体实际结构面状况。DDARF 节理试件剪切试验模拟结果如图 4.10 所示。

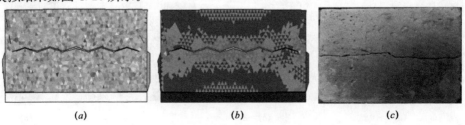

图 4.10　节理试件剪切试验中裂纹扩展

Fig. 4.10　Crack expansion of jointed specimen under the shear test

由图 4.10 可知，随着持续加载，试件在原生节理两尖端处出现应力集中现象，且裂隙尖端出现次生裂隙，试件左右两边界也产生少许次生裂隙；此外，原生断续节理在剪切过程中持续扩展、贯通，其裂隙宽度也有增大趋势。上述数值计算均验证了 DDAR 在模拟岩体裂隙萌生、扩展、贯通、破碎全过程的合理性。

4.3.2　DDARF 节理网络仿真模型构建

虽然目前 DDARF 程序可很好地模拟岩体裂纹萌生、扩展、贯通、破碎的全过程，然而在应用 DDARF 程序进行围岩非连续变形分析时，由于其前处理计算模型需手动输入节理几何信息，当输入线段数目较多或模型过于复杂时，则手工输入工作繁杂。为此，借助 Visual C++ 与 Object ARX 工具编制节理岩体裂隙网络模拟程序[143]，使所得节理经 CAD 转化为 DDARF 计算网络模型时，直接生成 DDARF 前处理所需切割文件，并借助 CAD 可视化界面对生成节理进行交互式动态修正，使其更符合工程实际。节理网络仿真模拟程序工作流程如图 4.11 所示。

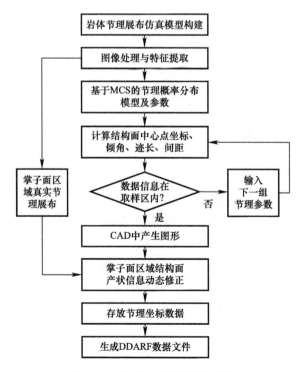

图 4.11　节理网络模拟程序框图

Fig. 4.11　Program diagram of joint network simulation

基于上述 Sir5.0 结构面处理系统的半自动化处理，返回了被检测到的结构面产状信息及其坐标值。根据所提取裂隙边缘点坐标值将控制性结构面（诸如软弱夹层、断层破碎带、宽大裂隙等）在原图中描绘出来，重新生成一张只包含控制性结构面与背景两种对象的二值化图像，并将结构面产状数据以正投影方式导入 CAD 中，构建可反映掌子面区域结构面真实分布的 CAD 平面模型（见图 4.12）。

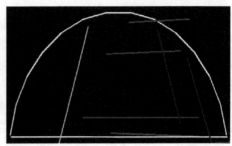

图 4.12 CAD 结构面平面模型

Fig. 4.12 Program diagram of joint network simulation

在节理网络模拟过程中，所有层理与统计意义上的细小节理均假定为虚拟节理，其力学参数与岩石力学参数等同；而控制性结构面则以真实节理形式借助 MCS 法进行模拟，在 DDARF 前处理程序中生成相应的结构面概率分布模型，其中掌子面区域内结构面几何展布依据上述掌子面正投影平面模型进行交互式动态修正，并赋予相应的实测结构面力学参数（如黏聚力、摩擦角、抗拉强度等），以实现该区域结构面的仿真模拟。

4.3.3 工程应用Ⅰ—单洞

1. 节理网络仿真模型构建

以老虎山隧道 ZK3+397 为例，构建隧道平面应变模型（见图 4.13），模型尺寸为 100m×60m，埋深为 52m，隧道宽 17m，高 14m；模型上覆压力主要为岩体自重，侧压力系数为 1.2，共划分 10000 个单元。节理几何参数与力学参数见表 4.4、表 4.5 所示。该断面揭露岩体比较完整，水平层理发育，整体呈厚层状结构，局部呈碎裂块状结构，掌子面自拱顶及右拱肩处分别向下发育有 2 条贯通软弱夹层，且掌子面中上部发育有数条水平层状长大裂隙，层间结合较差，两优势节理组呈正交不利组合，极易产生掉块。结构面几何展布及相应力学参数依据上节所述在 DDARF 前处理程序中进行交互式动态修正，所构建 DDARF 节理仿真计算模型如图 4.14 所示。其中，监测点布设于隧道的拱顶、拱肩及边墙中点。

第4章 考虑随机节理仿真模拟的围岩非连续变形分析

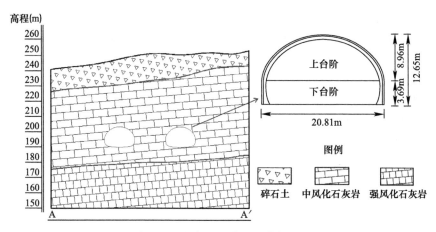

图 4.13 老虎山隧道地质横断面图

Fig. 4.13 Geological cross-section map and the dimension of Laohushan tunnel

节理几何参数 表 4.4
Geometric parameters of the real joint sets Tab. 4.4

节理组号	间距（m）	间隙（m）	迹长均值（m）	方向角均值（°）
1	3.5	3	6	6
2	5	5	7	110
3	6	5	6.5	75

模型力学参数 表 4.5
Mechanical parameters of model Tab. 4.5

类别	重度 (kN·m^{-3})	弹性模量 (GPa)	泊松比	内摩擦角 (°)	黏聚力 (MPa)	抗拉强度 (MPa)
岩体	26	20	0.25	40	5	3.5
虚拟节理	—	—	—	35	4	3
真实节理	—	—	—	30	0	0
软弱夹层	—	—	—	9.5	0	0

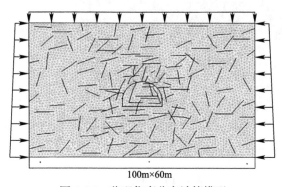

图 4.14 节理仿真分布计算模型

Fig. 4.14 The DDARF computational model of joint distribution simulation

73

2. 计算结果分析

尽管隧道衬砌诸如钢拱架或喷射混凝土均可增加围岩的承载能力及其稳定性程度，但是因裂隙扩展过程主要发生在隧道的爆破开挖过程中，衬砌对开挖过程中的裂隙扩展并无较大作用。因此，在 DDARF 数值模拟中暂不考虑衬砌作用。隧道采用二台阶法开挖，开挖后拱顶、拱肩及边墙各监测点位移如图 4.15 所示。位移变化值与实际监测数据变化趋势基本吻合，其中拱顶最大沉降量为 42mm，周边收敛量为 18mm。不同于隧道开挖及初支施作后的监控量测，图 4.16 中所示变形主要是由隧道开挖过程中裂隙萌生、扩展、贯通引起的。同时，该位移亦体现了裂隙扩展过程中的位移变化趋势。

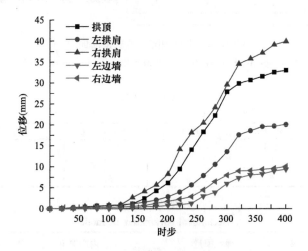

图 4.15　裂隙扩展中关键点位移

Fig. 4.15　Deformation of key points during the process of fracture evolution

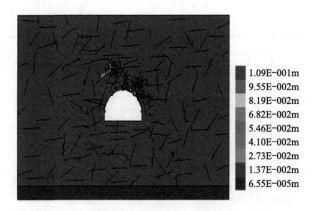

图 4.16　围岩变形云图

Fig. 4.16　Deformation contour

由图 4.17 可知，在隧道开挖过程中，掌子面及其周边区域原生裂隙逐渐扩展、贯通，其中拱顶及拱肩处萌生大量贯通裂隙，形成明显的围岩塑性区及大量潜在滑动块体。且裂隙数量越多，隧道围岩破碎程度则越严重，隧道岩体开挖后各区域裂隙萌生的数量呈现为拱顶＞拱肩＞边墙的规律，其与围岩变形量拱顶＞拱肩＞边墙的变化趋势相一致。

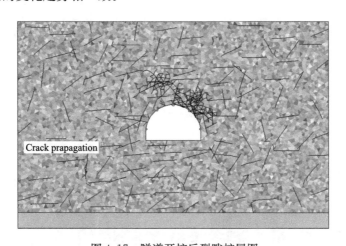

图 4.17　隧道开挖后裂隙扩展图

Fig. 4.17　Crack propagation after tunnel excavation

掌子面中上部发育有数条水平层状的长大裂隙，贯通至右边墙，而开挖后边墙处未见过多的次生裂隙，与工程实际相符。值得注意的是拱顶发育有软弱夹层处，其裂隙扩展最为密集，且裂隙贯通率最高，由位移云图亦可看出，拱顶裂隙贯通处围岩位移变化最大，已产生关键块体及若干潜在滑动块体。而在隧道实际施工过程中，由于贯穿软弱夹层的存在，该掌子面也发生了若干次掉块及小型塌方事故（图 4.18）。可见，计算结果对下一循环爆破施工所产生的致塌块体具有现场指导意义。

图 4.18　隧道开挖后局部塌方

Fig. 4.18　Local collapse phenomenon in Laohushan tunnel

3. 节理展布模型比对验证

为验证节理展布仿真模型的合理性与实用性，以常规 MCS 法模拟节理分布，随机生成另两 DDARF 前处理模型，各模型力学参数一致，同样采用二台阶法施工，模拟开挖后结果如图 4.19 所示。

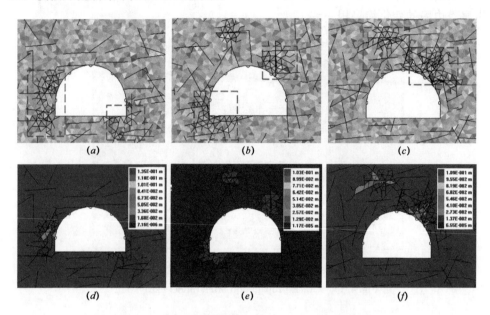

图 4.19　不同节理展布模型的裂隙扩展及位移云图

Fig. 4.19　Crack propagation process and deformation contour of different models

(a) 随机模型Ⅰ；(b) 随机模型Ⅱ；(c) 节理展布仿真模型；
(d) 随机模型Ⅰ；(e) 随机模型Ⅱ；(f) 节理展布仿真模型

由图 4.19 可见，由于开挖扰动，各计算模型的掌子面周边岩体均产生了大量次生裂隙，形成了不同形式的破坏区，再次验证了 DDARF 可实现模拟岩体裂纹萌生、扩展、贯通、破碎的全过程。然而，模型Ⅰ的次生裂隙主要发育在边墙处，其破坏区由边墙逐渐扩展至拱肩；模型Ⅱ由于右拱肩外侧区域一条贯通原生裂隙的存在，致使大量次生裂隙由此萌生、扩展，所模拟破坏区与工程实际相去甚远；而节理仿真模型则较好地模拟了掌子面周边岩体的裂隙演化规律及围岩的变形破坏机制。

可见，在 DDARF 节理网络模型中，掌子面及其周边区域的节理、裂隙分布极大地影响着其模拟效果。为有效地指导现场施工，优化支护方案，构建合理的节理展布模型是极为关键的，而本章所提供的基于节理数字化表征的节理展布仿真模型则为其提供了有效途径。

4. 裂隙率表征

针对隧道现场拱顶及拱肩发生块体塌落的现象，基于节理网络模拟程序随机生成一节理分布模型,施以二台阶法开挖,分别开展加锚与无锚工况的数值模拟,以研究锚固对隧道围岩裂隙扩展的控制作用。设定锚杆长度为4m,间距为0.8m,强度为180MPa。计算结果如图4.20所示。

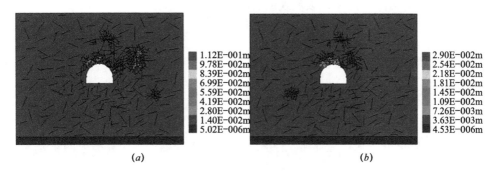

图 4.20　隧道围岩变形云图

Fig. 4.20　Deformation contour

(a) 无锚开挖;(b) 有锚开挖

对比两模型的各监测点位移可知:DDARF 能较好地模拟锚杆的锚固作用,锚固后关键点位移减少幅度为10%~20%,锚固效果明显(见图4.21)。

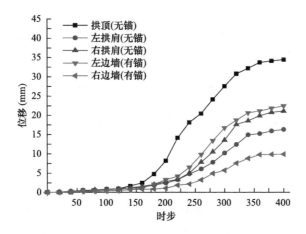

图 4.21　裂隙扩展中关键点位移

Fig. 4.21　Deformation of key points during the process of fracture evolution

加锚前后隧道围岩裂隙扩展过程如图4.22所示。第1步开挖后,无锚隧道围岩拱顶裂隙较多,局部原生裂隙扩展、贯通,边墙区域萌生新裂隙,而锚固后围岩裂隙明显减少;第2步开挖后,无锚隧道围岩裂隙扩展、贯通规模均不断加大,而锚固后围岩裂隙范围和规模相对减小。

然而 DDARF 的模拟图中裂隙网络纵横交错,难以定量描述岩体的裂隙发育情况，为此，拟定义 DDARF 裂隙率 R_c 和裂隙扩展率 R_r 两指标，对不能直接用于定量分析的 DDARF 后处理文件进行一系列图像去噪与边界提取处理，进而实现隧道开挖前后岩体裂隙演化的定量化对比分析。

定义 R_r 为裂隙扩展率，以反映围岩的裂隙扩展情况。

$$R_r = \frac{R_{CN} - R_{CA}}{R_{CN}} \times 100\% \tag{4.1}$$

其中，R_{CN} 为隧道开挖前岩体裂隙率；R_{CA} 为隧道开挖后岩体裂隙率。

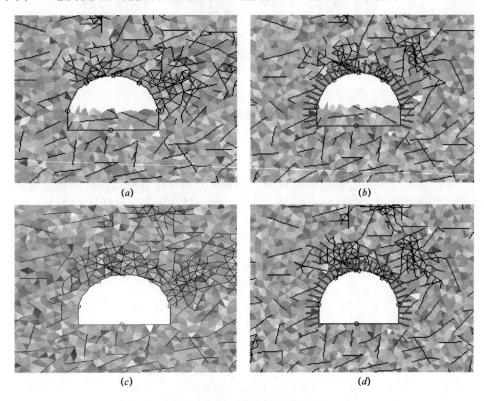

图 4.22　隧道围岩裂隙扩展过程

Fig. 4.22　Crack propagation process of the tunnel

(a) 第 1 步开挖无锚；(b) 第 1 步开挖有锚；(c) 第 2 步开挖无锚；(d) 第 2 步开挖有锚

通过 MATLAB 数字图像处理技术，分别对无锚与加锚条件下掌子面周边围岩裂隙率 R_c 进行了定量统计（图 4.23）。相较于未开挖前，无锚与加锚条件下的裂隙扩展率分别达到了 28.75% 与 21.63%；而加锚隧道的拱顶及拱肩区域裂隙率 R_c 相较于无锚隧道则降低了 24.77%，加锚后支护效果显著。但由于开挖扰动及软弱夹层、破碎带的发育，拱顶及拱肩围岩已然较为破碎，加锚后裂隙率仍然较大。因此，在实际工程设计中，除了进行系统锚固支护外，还应对关键块体区域增加支护措施（图 4.24），防止局部塌方、掉块。

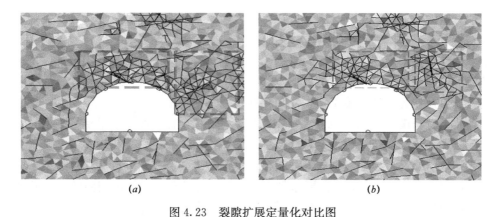

图 4.23 裂隙扩展定量化对比图

Fig. 4.23 Quantitative comparison of crack propagation process

(a) 无锚开挖；(b) 有锚开挖

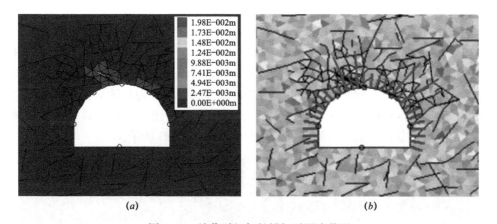

图 4.24 施作随机加长锚杆后围岩状况

Fig. 4.24 Surrounding rock with additional random extended bolts

(a) 围岩变形；(b) 裂隙扩展

4.3.4 工程应用Ⅱ—双洞

　　小净距隧道中夹岩柱最小厚度及其加固措施确定与岩体质量密切挂钩，不同围岩等级条件下其最小合理净距、围岩衬砌类型、中夹岩柱的加固措施以及监控量测方案均有较大差异。同时，在裂隙岩体的小净距隧道修建中，先行洞周边岩体及中夹岩柱由于多次施工扰动，其内部节理、裂隙、断层等缺陷及其发展极易造成岩体失稳破坏，尤其是对诸如双向八车道这种超大断面隧道而言，现有设计、施工经验不足，开挖跨度的增大更是加剧了岩体的切割程度及其失稳概率，致使围岩特别是中夹岩柱区域裂隙扩展、贯通直至破碎。因此，在裂隙岩体的小净距超大断面隧道围岩稳定性分析方面，除了进行可靠的围岩等级评定，应综合其他方法对隧道围岩尤其是中夹岩柱区域岩体的稳定性状况及其变形破坏规律进行合理分析。在以往数值计算中，多是采用屈服区接近度或极限位移收敛值作为小净距隧道中夹岩柱稳定与否的判据，并未考虑裂隙岩体尤其是中夹岩柱因其内部裂隙、断层等缺陷对围岩的变形破坏特征造成的影响，所得结果往往是偏安全的，若以此作为设计、施工依据，则存在较大安全隐患。

本节以济南东南二环项目大岭隧道为工程依托，首先通过近景摄影量测技术实现岩体结构信息精细化采集，获取各岩体结构信息的概率分布模型，基于前述围岩等级可靠性分析法对围岩等级进行稳健评估。其次，用改进的非连续变形分析（DDARF）方法对大岭隧道浅埋小净距段的围岩变形规律及裂隙演化过程进行了数值模拟。以裂隙扩展破碎区贯通与否作为中夹岩柱稳定性的评定依据，分别就无锚、系统锚杆支护、中夹岩柱水平加长锚杆支护三种工况下的围岩变形及裂隙扩展情况进行了对比分析，以确定合理的支护方案。

1. 工程概况

在建济南市东南二环项目大岭隧道左线起讫里程 ZK6＋511.3～473，长 961.7m，右线起讫里程 YK6＋535～500，长 965m。采用分离式结构，左右线相距约 15～50m，隧道主洞净空为（宽×高）17.608m×8.961m，每延米开挖土石方量均超过 200m³。隧址区为鲁中南构造侵蚀为主的中低山丘陵区，剥蚀溶蚀中低山丘陵亚区（见图 4.25）。经工程地质测绘及勘探，出露和揭露地层为第四系残坡积土层及基岩组成，大岭隧道地质剖面图如图 4.26 所示。

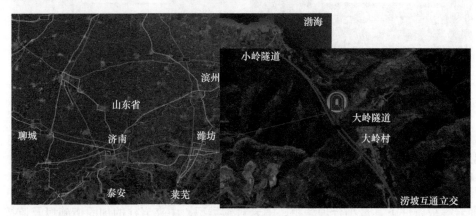

图 4.25　大岭隧道隧址区及航拍图
Fig. 4.25　Location of Daling tunnel and its satellite image

2. 等级可靠性评定

以 ZK6＋590～570 段为例，基于统计模型与概率模型相结合的统计演绎方法，获取各结构面的产状玫瑰花图、结构面迹长、间距等信息的概率分布模型（见图 4.27）。

第 4 章 考虑随机节理仿真模拟的围岩非连续变形分析

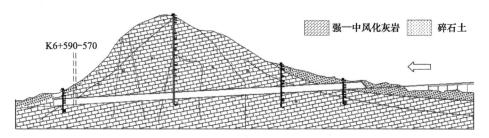

图 4.26 大岭隧道地质剖面图

Fig. 4.26 Geological section map of Daling tunnel

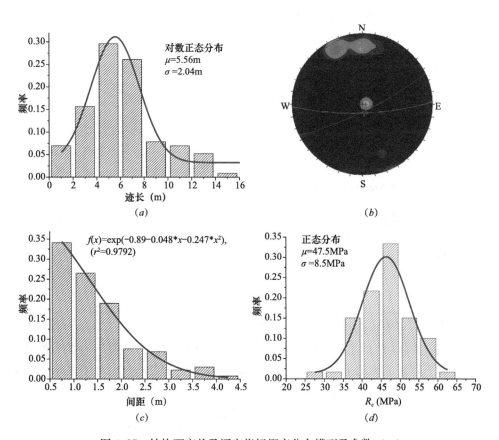

图 4.27 结构面产状及评定指标概率分布模型及参数（一）

Fig. 4.27 Probabilistical distribution models and their relevant parameters of structural planes and evaluation indexes （一）

(a) 节理可见迹长分布概率；(b) 结构面等密度图；

(c) 节理间距分布概率；(d) 单轴饱和抗压强度概率分布

81

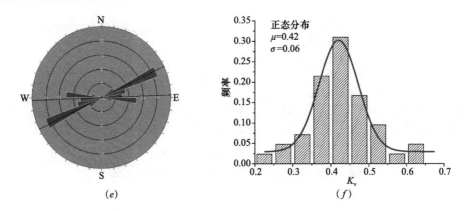

图 4.27 结构面产状及评定指标概率分布模型及参数（二）

Fig. 4.27 Probabilistical distribution models and their relevant parameters of structural planes and evaluation indexes（二）

(e) 优势产状玫瑰花图；(f) 岩体完整性系数概率分布

基于上述各评定指标分布模型，由第 3 章围岩等级可靠度分析方法获得岩体隶属于各围岩等级的可靠概率（具体计算过程可参考上述围岩分级章节内容），计算结果如表 4.6 所示。

ZK6＋590～570 段围岩隶属于各等级的统计概率　　　表 4.6

Membership probability attached to different surrounding rock levels in ZK6＋590～570

Tab. 4.6

围岩级别	BQ 评定隶属概率	设计等级	隶属等级
Ⅲ$_2$	0.0842		
Ⅳ$_1$	0.3235		
Ⅳ$_2$	0.3779	V$_1$	Ⅳ$_2$
Ⅳ$_3$	0.1895		
V$_1$	0.0249		

由表 4.6 可知，在充分考虑各评定指标的概率分布条件下，ZK6＋590～570 段围岩评定为Ⅳ$_2$ 级的隶属概率最大，且有Ⅳ$_2$ 级偏Ⅳ$_1$ 级的迹象，整体来看围岩质量相较于初期勘探结果要好。单一的岩体质量评定无法综合地对超大断面小净距隧道围岩尤其是中夹岩柱岩体的稳定性状况及其支护方案做出合理评定。为此，基于上述所得岩体结构面几何特征分布信息，采用改进非连续变形分析法对大岭隧道小净距段围岩的变形破坏规律及裂隙演化过程进行数值模拟，以进一步分析其稳定性状况。

3. 节理网络模型构建

计算模型选取大岭隧道 ZK6＋570 断面构建其平面应变模型，模型尺寸为 110m×60m，隧道宽 17.61m，高 8.96m，两隧道净距为 15m，该段隧道埋深约 13～16m，上覆荷载主要为岩重，侧压力系数为 1.2，计算中不考虑隧道支护的

第4章 考虑随机节理仿真模拟的围岩非连续变形分析

作用,求解时逐步超松弛迭代因子取1.4,共划分10000个单元。在节理网络模拟过程中,所有层理与统计意义上的细小节理、裂隙均假定为虚拟节理,其力学参数与岩石力学参数等同;而确定性结构面则以真实节理形式借助MCS法进行模拟(鉴于左右洞为先后开挖,无法获知后行洞在先行洞开挖里程处的掌子面信息,此处节理网络仿真仅针对先行洞掌子面区域岩体,后行洞掌子面区域及其他各处节理展布为随机网络模拟)由CAD转化为DDARF计算网络模型,直接生成DDARF前处理所需要的切割文件。具体可参考文献[143]、[147]。真实节理几何参数及力学参数分别如表4.7、表4.8所示。考虑远离掌子面区域的节理分布对隧道开挖无较大影响,为简化计算,在保持结构面产状、迹长及间距等信息不变的前提下,相应减少远离掌子面区域节理数(图4.28)。其中,监测点分别布设于隧道的拱顶、拱肩及边墙中点。

真实节理几何参数 表4.7
Geometric parameters of real joints Tab. 4.7

节理组号	间距(m)	间隙(m)	迹长(m)	倾向(°)	倾角(°)
1	4.0	3.0	7.5	265	5
2	5.0	5.0	8.0	155	80
3	6.0	5.0	7.0	195	85

模型力学参数 表4.8
Mechanical parameters of model Tab. 4.8

类别	重度(kN·m^{-3})	弹性模量(GPa)	泊松比	内摩擦角(°)	黏聚力(MPa)	抗拉强度(MPa)
岩体	25	20	0.3	35	5	4
虚拟节理	—	—	—	35	5	4
真实节理	—	—	—	30	0	0

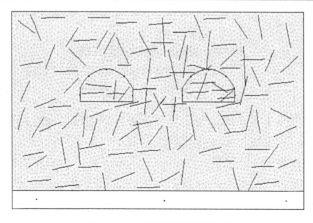

图4.28 大岭隧道计算模型

Fig. 4.28 Computational model of Daling tunnel

4. 计算结果分析

计算结果如图 4.29 所示,就裂隙演化过程来看,隧道先行洞(右洞)开挖过程中,掌子面周边区域原生裂隙扩展、贯通,拱肩及边墙处萌生大量次生裂隙,形成明显的围岩破碎区及大量潜在滑动块体。裂隙数量越多,说明围岩破碎程度越严重,隧道岩体开挖后各区域裂隙萌生数量呈现为拱肩>边墙>拱顶的规律,岩体破碎区沿隧道轮廓整体呈"X"形分布,拱肩处尤为显著。在后行洞(左洞)的开挖过程中,其周边岩体同样伴随着裂隙的萌生、扩展、贯通直至破碎,尤其是右侧拱肩靠近中夹岩柱区域,形成了规模较大的岩体破碎区。

由图 4.29(a)、(b)中红色框选区可见,受后行洞开挖扰动及应力重分布影响,先行洞靠近中夹岩柱侧(左拱肩及左拱脚处)的裂隙呈现出二次扩展、发育,且有与后行洞围岩破碎区贯通之趋势。其充分表明:相较于单洞开挖,后行洞的开挖对先行洞周边岩体裂隙的扩展、贯通确有影响。

值得注意的是,随着隧洞拱肩区域裂隙的持续扩展,除中岩柱区域外,所发育裂隙亦有延伸至地表之趋势。加之该处为浅埋段,上覆介质为杂土及破碎岩体,因此,施工过程中需加强该段围岩,尤其是地表处的监控量测,并做好防排水工作。

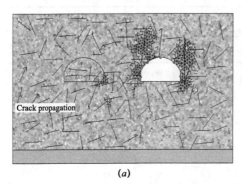
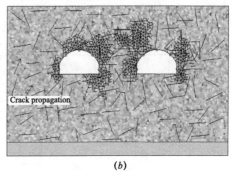

(a)　　　　　　　　　　　　(b)

图 4.29　隧道开挖后裂隙扩展图

Fig. 4.29　Crack propagation after tunnel excavation

(a) 先行洞开挖;(b) 后行洞开挖

就变形破坏规律来讲,围岩变形量与裂隙发育数量的变化趋势基本一致,裂隙扩展程度越大,该区域位移变化值越大,其中,先、后行洞靠近中夹岩柱侧拱肩区域总位移变化值分别达到 22.96mm、25.87mm。表明在断续节理岩体的裂隙演化过程中伴随着围岩的变形破坏,裂隙的演化规律与岩体的变形破坏特征存在着内在关联。

为进一步研究后行洞对先行洞的变形破坏影响,以先行洞为研究对象,在相同设置条件下,分别模拟仅单洞(先行洞)开挖(工况Ⅰ)和双洞先后开挖(工况Ⅱ）两种施工工况。在先行洞靠近中夹岩柱侧的左拱肩、左边墙及拱顶布设监测点，以获取各监测点的总位移。从位移变化趋势及其收敛值来看（见图 4.30），仅单洞开挖与双洞先后开挖两工况下，先行洞拱顶、左边墙处的位移差值并不大（小于 5.0%），拱肩靠近中夹岩柱区域总位移变化约为 8.4%。表明在当前净距及围岩条件下，后行洞对先行洞的影响存在，但并不十分显著。

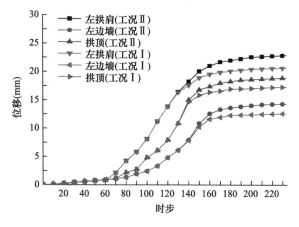

图 4.30　不同工况下关键点位移

Fig. 4.30　Displacements of key points with different conditions

然而值得注意的是，就左右单洞围岩本身来讲，开挖隧道周边岩体的裂隙发育程度已然较为破碎，实际工程中应尽量减少围岩的扰动并及时施加合理支护。为此，鉴于该段为浅埋小净距段隧道，综合考虑岩体质量评定结果，分别开展系统锚杆支护与中夹岩柱水平加长锚杆支护的对比分析，以优化支护方案。

5. 支护方案优化

依据Ⅳ级初支设计，系统锚杆（设为方案Ⅰ）支护每环设 33 根锚杆，环向锚杆长度 4m，间距 1m，设定弹性模量为 200GPa，预应力 120MPa；中夹岩柱水平加长锚杆支护方案（设为方案Ⅱ）中，左右洞靠中岩柱侧边墙区域内布设 500cm 长水平预应力锚杆，其余拱、墙位置的布设及其参数取值与前述锚杆等同。在两种支护方案下，分别进行隧道左、右洞开挖，计算结果如图 4.31～图 4.32 所示。

由图 4.31～图 4.32 可见，锚杆对断续节理岩体中裂隙的萌生、扩展、贯通有显著的抑制作用，比之于无锚支护岩体，锚固后围岩的裂隙范围和规模均有所减小，尤其是中夹岩柱区域，裂隙扩展率显著降低，支护条件下后行洞对先行洞的裂隙扩展无较大影响；二次扰动后，先行洞的裂隙扩展分布与仅单洞开挖的裂隙分布无异。对比图 4.31 与图 4.32 可知：两支护方案条件下，隧道周边岩体裂隙扩展情况与围岩破碎区分布无较大差别，远离中夹岩柱侧的两隧洞边墙及拱肩基本一致，仅后行洞右拱脚处存在较小差异，即：系统锚杆支护条件下，该处拱脚与边墙裂隙尚未完全贯通，而中夹岩柱水平锚杆支护条件下，该处拱脚与边墙裂隙反而连通为一体。究其原因是该段围岩完整性较好，所模拟真实节理在该区域近水平发育，水平锚杆与结构面角度近乎平行，并未完全发挥应有的锚固效应，而系统锚杆的设置由于与该处结构面呈大角度斜交，锚固效果相对较好，可见锚杆支护设计应综合考虑岩体内所发育优势结构面的产状及其分布。

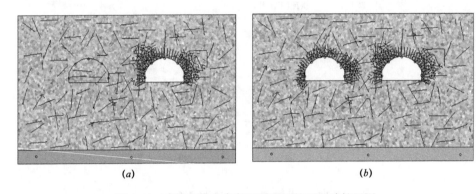

图 4.31　支护方案 I 条件下隧道开挖后裂隙扩展图
Fig. 4.31　Crack propagation after tunnel excavation under condition of scheme I
(a) 先行洞开挖；(b) 后行洞开挖

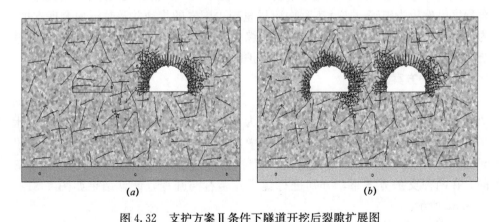

图 4.32　支护方案 II 条件下隧道开挖后裂隙扩展图
Fig. 4.32　Crack propagation after tunnel excavation under condition of scheme II
(a) 先行洞开挖；(b) 后行洞开挖

综上分析，建议施工方在既有围岩条件下，可考虑采用 IV 级系统锚杆支护；但仍须控制爆破振动以减少扰动，及时施加支护并尽快封闭成环，加强该段围岩特别是中夹岩柱变形及地表沉降的监控量测。

4.4 本章小结

本章充分考虑数值模型中随机节理几何展布的不确定性,基于双目立体摄影量测技术,以老虎山隧道为工程依托,通过图像处理与特征提取,获取掌子面区域节理、裂隙的真实展布信息及其概率分布模型,并通过围岩分级对围岩稳定性进行了初步评估。并采用改进的非连续变形分析(DDARF)方法对老虎山隧道围岩变形、破坏过程进行了数值模拟。通过前述摄影量测所得真实节理信息对掌子面区域的节理展布进行动态修正,以实现工程岩体范围内节理展布的仿真模拟。此外,针对隧道拱顶及拱肩发生的块体塌落现象,引入裂隙扩展率这一指标,对无锚与有锚支护条件下的岩体裂隙演化过程进行了定量化对比分析。同时,针对裂隙岩体中小净距超大断面隧道的围岩稳定性分析与中夹岩柱变形破坏特征及其支护方案优化的棘手难题,针对大岭隧道浅埋小净距段围岩,以裂隙扩展破碎区贯通与否作为中夹岩柱稳定性的评定依据,分别针对无锚、有锚支护条件下的围岩稳定性状况及变形特征进行了对比分析。主要研究结论如下:

(1)各围岩分级方法中均未考虑隧道跨度及所发育软弱夹层、断层破碎带等不良地质体对围岩稳定状况的影响,结合数值计算可对复杂地质条件下超大断面隧道围岩整体稳定性及局部关键块体受力状况作出更为合理地评判,而本章所提出的基于节理展布仿真模拟的 DDARF 模型则为其提供了有效途径。

(2)结构面网络模拟程序可以生成直接用于 DDARF 计算的命令文件,提高计算效率,而借助近景摄影量测所构建的掌子面正投影平面模型,可对掌子面区域节理展布进行交互式动态修正,实现了 DDARF 前处理模型中工程岩体范围内节理展布的仿真模拟。

(3)改进的非连续变形分析方法可有效地模拟围岩的裂隙演化规律及变形破坏机制,在 DDARF 节理网络模型中,掌子面及其周边区域的裂隙分布极大地影响着其模拟效果。为有效地指导现场施工,优化支护方案,构建合理的节理展布模型是极为关键的。

(4)引入裂隙扩展率这一指标,通过图像处理与特征提取可对 DDARF 模拟过程中的裂隙发育情况进行量化处理,实现了无锚与有锚支护下围岩裂隙发育情况的定量化对比,为 DDARF 在工程应用中的裂隙演化机制的量化分析提供有效途径。

(5)以裂隙扩展破碎区贯通与否作为中夹岩柱稳定性的评定依据,可对小净距隧道中夹岩柱本身以及后行洞对先行洞的影响程度作出有效评定。而锚杆支护可显著地约束围岩尤其是中夹岩柱的裂隙扩展、贯通及其变形破坏;现场施工及支护方案设计应充分考虑裂隙岩体中优势结构面的产状及其几何展布情况,以更为合理地布设锚杆。

第 5 章 局部关键块体稳定可靠性分析与支护优化

5.1 引言

前述章节已分别从定性（围岩等级评定）与定量角度（围岩非连续变形分析）对裂隙岩体隧道围岩的整体稳定性状况进行了系统研究，对其岩体质量、围岩体的受力状况、裂隙演化及变形破坏特征进行了较为详尽的分析。然而，需要注意的是，裂隙岩体隧道工程的修建过程中，其失稳模式不仅是整体围岩的渐进性失稳或垮塌，还包括局部区域关键块体的掉落、滑移、倾倒，乃至由此引起的块体群的连锁失稳破坏。尤其是在岩体质量较好的Ⅱ、Ⅲ级围岩中，围岩体的受力、变形主要受控于长大结构面，以及可能发育的断层、软弱夹层、破碎带等特殊地质体，其物理力学行为呈明显的各向异性，而此时围岩体的整体稳定性往往正是受控于这些局部区域的确定性关键块体。可见，局部块体稳定性分析是裂隙岩体中隧道围岩变形、受力研究不可或缺的一部分。

由前述可知，局部关键块体稳定性问题同样可用此数学模型进行表述：$y=f(x_1, x_2, x_3, \cdots, x_n)$。其中，$y$ 可表示为局部关键块体的稳定性状况，x_1，x_2，x_3，$\cdots$，x_n 可表示为影响关键块体稳定状况的各结构面几何、物理力学参数。关于局部块体稳定性的各分析方法、手段，在本书绪论中已作详细介绍，此处不再赘述。目前，关键块体稳定性状况的确定性分析可获得较为合理的计算结果，而随着非接触摄影量测技术及各物探、钻探手段的不断发展，获取构成关键块体的结构面产状信息，并同时考虑块体的几何形成概率与物理力学参数的失稳概率也并非难事。但此处必须强调的是，研究局部关键块体的目的不仅在于对其稳定性的可靠分析，更在于如何制定合理地加固、支护方案，使关键块体及潜在失稳块体变为稳定块体，以保证围岩体的整体稳定及隧道的安全施工。

从目前研究现状来看，就无支护条件下的关键块体，利用解析解可获得较为合理地稳定性计算结果；就有支护条件下的关键块体，其显示功能函数也较为明确，在理论上也可以通过解析解对其进行计算。但需要注意的是，支护条件下关键块体受力分析的功能函数是极其复杂的、非线性表达式。由于显示功能函数求导及其展开分析等处理繁琐，要通过常规求解算法进行不同支护方条件下关键块体的可靠度求解，其工作量无疑是相当巨大的。此外，在数值模拟方面，诸如非连续变形分析法、数值流形法、离散元法等均可很好地模拟非连续介质的受力、变形状况；其中，Unwedge、General Block 等程序可以对关键块体进行辨识并作稳定性计算。然而，就单个块体而言，要计算物理力学参数不确定性带来的块体可靠度问题，且不说稳定性系数计算精度本身如何，从模拟次数、计算效率、用时来看，就显得捉襟见肘。在隧道快速化施工的需求下，数值模拟很难对开挖揭露的关键块体的稳定可靠度给出快速、有效评定。

为此，本章针对岩体结构面几何展布及其物理力学参数不确定性问题，将随机概率模型引入块体理论，采用蒙特卡罗模拟，对大小不等的块体形成概率及破坏概率进行计算，构建块体稳定的总失效概率评价模型。针对支护条件下关键块体稳定性功能函数复杂、无法快速计算其可靠指标问题，借鉴随机有限元思想，基于高斯过程回归理论（Gaussian Process Regression），构建 GPR 响应模型逼近块体稳定性分析的显式功能函数，以正交试验设计构建样本空间，通过 Unwedge 程序获取关键块体的安全系数作为响应模型中的样本输出，利用高斯过程理论所构建响应模型耦合 MCS 法，实现关键块体的失效概率预测，由此对不同支护组合条件下的块体稳定可靠性指标进行分析。同时，就岩土力学参数的变异性致使关键块体稳定性分析难以反映其真实安全性能和失效水平问题，基于 Info-Gap 理论对确定关键块体稳定性影响因素的不确定性程度提出了新的度量方法，建立支护条件下关键块体稳定性评价的鲁棒可靠度指标，以期对关键块体失稳进行支护加固设计的主动防控。

5.2 无支护条件下块体可靠概率计算

在对空间块体的破坏机制研究方面，块体理论应用甚广。由于块体各结构面几何参数（如方位、迹长、间距）与力学参数（如黏聚力、摩擦系数等）均表现出较明显地随机性，致使块体的可靠性分析问题包含块体本身的几何形成概率，以及块体的力学失效概率两方面；而块体几何形态的随机分布同样会导致块体滑动面受力状态的变化。因此，如何兼顾结构面几何参数与物理力学参数的随机性，是准确计算块体稳定性状况的充分必要条件。

本节综合考虑块体结构面几何展布与力学参数的随机性，以分界边长对块体进行分区，通过求解各分区间内块体几何形成概率与力学失效概率，进而获取块体失稳的联合概率，以对无支护条件下关键块体的稳定可靠性进行评价。

5.2.1 关键块体几何生成概率

由于岩体结构面长度的有限性致使所构成块体无法被完全切割，如此一来，关键块体就存在一个几何形成概率，为此引入概率理论对其进行分析。为简化计

算，假定结构面迹线服从负指数分布，其分布位置与块体棱位置一致，则结构面直径累积函数[154,155]为

$$\dot{F}(x) = 1 - \exp\left(-\frac{\pi x}{4\mu}\right) \tag{5.1}$$

式中，μ 为结构面迹长均值。

设某四面体结构面边长为 L_i，则该面外接圆直径 d 为：

$$d = \frac{2L_1 L_2 L_3}{\sqrt{2L_1^2 L_2^2 + 2L_2^2 L_3^2 + 2L_3^2 L_1^2 - L_1^4 - L_2^4 - L_3^4}} \tag{5.2}$$

要构成棱锥，则各结构面长度须大于其外接圆直径。即块体几何形成概率为构成块体各结构面长度大于 d_i 的概率的乘积[156]。要计算迹长大于 x 的概率 $F(x)$，则由式（5.1）可得

$$F_1(x) = 1 - \dot{F}(x) = e^{-\mu x} \tag{5.3}$$

基于上述假设，则一个由 3 组结构面构成的三棱锥的几何形成概率即是各结构面分别大于其外接圆直径的概率值[157]：

$$F(x) = \exp\left[-\frac{\pi}{4}\left(\frac{x_1}{\mu_1} + \frac{x_2}{\mu_2} + \frac{x_3}{\mu_3}\right)\right] \tag{5.4}$$

可得

$$f(L) = \frac{\pi}{4L}\left(\frac{x_1}{\mu_1} + \frac{x_2}{\mu_2} + \frac{x_3}{\mu_3}\right)\exp\left[-\frac{\pi}{4}\left(\frac{x_1}{\mu_1} + \frac{x_2}{\mu_2} + \frac{x_3}{\mu_3}\right)\right] \tag{5.5}$$

式中，$f(L)$ 为块体形成的概率密度函数；x_i 为某边长 L 确定后各结构面外接圆直径。

若将块体边长长度 L 进行分区（如分为 n 个区间），则任意区间（L_{i-1}, L_i）内块体形成概率为

$$P_i = \int_{L_{i-1}}^{L_i} f(L)\mathrm{d}L = \exp\left[-\frac{\pi}{4}\left(\frac{x_{1,i-1}}{\mu_1} + \frac{x_{2,i-1}}{\mu_2} + \frac{x_{3,i-1}}{\mu_3}\right)\right]$$

$$- \exp\left[-\frac{\pi}{4}\left(\frac{x_{1,i}}{\mu_1} + \frac{x_{2,i}}{\mu_2} + \frac{x_{3,i}}{\mu_3}\right)\right] \tag{5.6}$$

式中，P_i 为区间（L_{i-1}, L_i）内块体形成概率；$x_{1,i}$, $x_{2,i}$, $x_{3,i}$ 为块体某边长为 L_i 时，此 3 结构面的外接圆直径。

假定某块体的破坏概率为：

$$P_f = P(g(X_1, X_2, \cdots, X_n) \leqslant 0) \tag{5.7}$$

则通过对块体大小进行分区，块体分区联合概率 $P_{L,i}$ 与总失效概率 P_F 分别为：

$$P_{L,i} = P_i P_{f,i} \tag{5.8}$$

$$P_F = \sum_{i+1}^{n+1} P_i P_{f,i} \tag{5.9}$$

式中，$P_{f,i}$ 为第 i 区间内块体的破坏概率。

为简化计算，以正三棱锥为例，设迹线长度 $\mu \in [1, 50]$(m)，棱长 $x \in [0.5, 5.0]$(m)，则各迹线长度及棱长条件下块体几何形成概率如图 5.1 所示。可知：当结构面迹线长度一定时，$P(x)$ 随棱长增大而减小；而当棱长为定值时，$P(x)$ 随结迹长增大而增大。

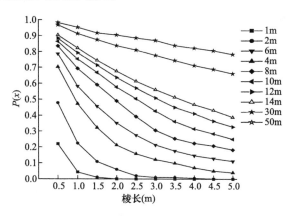

图 5.1 不同迹线长度和棱长条件下块体形成概率

Fig. 5.1 The forming probabilities of blocks with different lengths of traces and edges

5.2.2 关键块体滑动力学模型

1. 关键块体力学失效模式

关键块体失效模式判定以图 5.2 中所示切割块体为例，其中，实线圆 1~3 为结构面 1、2、3 的投影；点线圆为赤道参考圆；虚线圆为临空面投影。

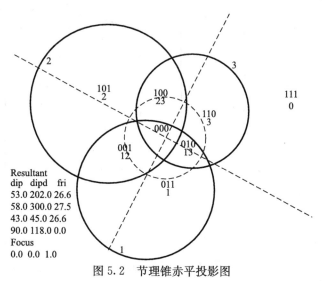

图 5.2 节理锥赤平投影图

Fig. 5.2 Stereogram of joint pyramids

基于块体可移动性准则，若某结构面锥 JP 完全包含于一个或多个临空面交成的空间锥 SP 内，则该结构面锥为相应临空面（或交棱、交角）的可移动块体。如图 1 所示，临空面 2 产状为 $118°\angle 90°$，临空面投影形成的直线（直立面投影为直线）的右下方为空间锥 SP，结构面锥 010 完全位于其内，则该结构面锥与临空面共同切出可动块体，块体的失稳模式为沿面 1、面 3 的双面滑动。同理，若临空面 2 产状为 $298°\angle 90°$（与 $118°\angle 90°$ 相差 $180°$，相当于地下厂房两个相向的边墙），则结构面锥 101 可与临空面共同切出可动块体，块体的失稳模式为沿面 2 的单面滑动。

2. 块体沿单面滑动力学计算

当滑动模式为沿结构面 i 的单面滑动时（见图 5.3），则其功能函数表达式为

$$g(\alpha_i, \alpha_j, \alpha_k, f_i, c_i) = W f_i \cos\alpha_i + c_i A_i - W \sin\alpha_i \tag{5.10}$$

式中，α_i，c_i，f_i 分别为结构面 i 的滑面倾角、黏聚力及摩擦因数（结构面倾向在一般情况可较为精确获取，离散度较小，此处作为常量处理），A_i 为结构面 i 的滑面面积，W 为块体重力（上式中主动力合力假设只有重力作用）。

3. 块体沿双面滑动力学计算

当块体沿结构面 i，j 双面滑动（见图 5.4）时，块体沿双面滑动的极限状态方程[154]为

$$g(\delta, \gamma_i, \gamma_j, c_i, f_i, c_j, f_j) = W f_i \cos\delta \frac{\sin\gamma_j}{\sin(\gamma_i + \gamma_j)} + W f_j \cos\delta \frac{\sin\gamma_i}{\sin(\gamma_i + \gamma_j)}$$
$$+ c_i A_i + c_j A_j - W \sin\delta \tag{5.11}$$

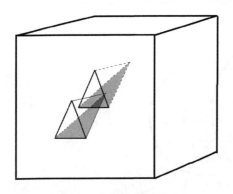

图 5.3 块体沿单面滑动

Fig. 5.3 Block sliding along single plane

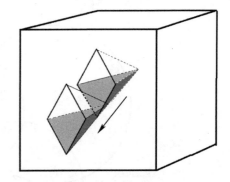

图 5.4 块体沿双面滑动

Fig. 5.4 Block sliding along two planes

式中，块体结构面 (i, j) 倾角 (α_i, α_j)、黏聚力 (c_i, c_j)、摩擦因数 (f_i, f_j) 及结构面 k 的倾角 α_k、块体体积 (V)、交棱倾角 δ、夹角 (γ_i, γ_j) 等均为随机变量。

5.2.3 实例验证与结果分析

本节采用 MCS 法计算关键块体可靠度，以老虎山隧道洞口斜坡所测结构面数据为例，该块体主要有 P_1，P_2 及 P_3 三组节理面，其产状分别为 310°∠75°，32°∠80°与 232°∠35°，临空面 P_4 的产状为 210°∠55°。结构面 P_1 黏聚力均值为 $\mu_c=1.5$kPa，标准差 $\sigma_c=0.7$kPa，摩擦角均值为 $\mu_f=38°$，标准差 $\sigma_f=6°$；结构面 P_3 黏聚力均值为 $\mu_c=4.0$kPa，标准差 $\sigma_c=0.7$kPa；摩擦角均值为 $\mu_f=26°$，标准差 $\sigma_f=6°$；各结构面迹长均值分别为 3.55m，4.00m 和 2.50m。块体赤平投影图如图 5.5 所示。

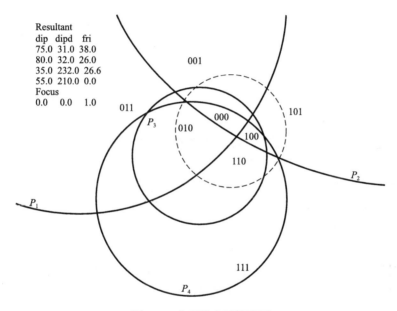

图 5.5　节理锥赤平投影图

Fig. 5.5　Stereogram of joint pyramids

由块体理论可知，关键块体 110 沿结构面 P_1、P_3 滑动。为评价不同块体大小的块体可靠性，以交棱棱长对块体进行分区，分区间隔为 2m，使用蒙特卡罗法抽样计算可靠度，区间破坏概率以分界破坏概率进行内插得出。

由表 5.1 可知，随着块体体积增大，块体几何形成概率 P_i 减小，但块体的破坏概率 P_f 随之增大，这与实际工程情况吻合。此外，块体棱长约为 5~9m 时联合概率 P_L 较大，且块体棱长在 7~9m 时候破坏概率 P_f 为 2.77%，远大于一般工程许可风险水平 (10×10^{-3})[158]。因此，块体在该区间段内容易发生失稳破坏。比之于单纯计算块体的受力安全系数，块体的联合失效概率同时考虑了块体的几何形成概率与块体力学失稳概率，可更为确切地对块体稳定可靠性做出定量评判。

关键块体 110 的形成概率与破坏概率　　　　表 5.1

Formation and failure probability of key block 110　　Tab. 5.1

结构面交棱 13 的棱长分区	形成概率 P_i(%)	破坏概率 P_f(%)	联合概率 P_L(%)
<1m	62.4800	0	0
1～3m	31.9700	0.0012	0.00038
3～5m	4.7400	0.010	0.00047
5～7m	0.7200	0.512	0.00369
7～9m	0.0880	2.768	0.00244
9～11m	0.0130	11.215	0.00146
11～13m	0.0014	23.144	0.00032
13～15m	0.0003	36.830	0.00011
>15m	0	49.820	0

5.2.4　可动块体总体分布形态

基于前述已获取岩体结构数据，借助石根华博士提供的隧道内随机块体分析及展开处理程序 UJN (Finding the Key Blocks-Unrolled Tunnel Joint Trace Maps)，进一步分析老虎山隧道周边岩体中潜在滑动块体的整体分布形态（考虑篇幅所限，具体原理及基本计算程序可参见文献 [159]）。计算结果如图 5.6、图 5.7 所示。

由图 5.6 (a) 可知，岩体结构面产状展开图中共显示有 3 组节理，经切割、搜索后隧道工程区域内可动块体的整体分布形态如图 5.6 (b) 所示。可见，隧道周边岩体中可动块体的整体分布区域主要集中在隧道的左、右拱肩处，且总体形态特征沿隧道的轴线方向无较大变化；基于 TBL 分析程序[159]，同步获取隧道内最大关键块体的三维展示图（见图 5.7），结果显示其最大关键块体出现在隧道拱肩区域，与现场实际掉块情况较为吻合。

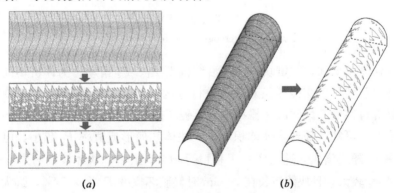

图 5.6　老虎山隧道随机可动块体分布图

Fig. 5.6　Distribution characteristic of random removable blocks inLaohushan tunnel

(a) 结构面产状及块体切割展开图；(b) 隧道内可动块体分布形态

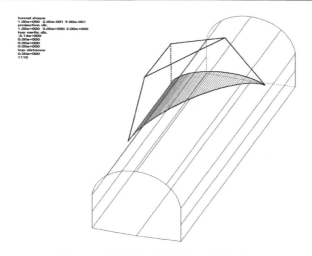

图 5.7 隧道最大致塌块体三维展示图
Fig. 5.7 Maximum curved 3D key blocks of the tunnel

老虎山隧道出口 ZK3+440~360 段岩体结构较完整，主要发育有水平层理及陡倾节理，两者呈不利正交组合，岩体破碎程度严重，切割块体易产生沿结构面剪切或滑移破坏；加之施工方加大了隧道开挖断面（开挖跨度大于 20m），致使围岩体中潜在滑移的临空块体数目增加；而由于岩体整体完整性较好，隧道开挖后也未能及时对局部潜在失稳块体施作超前支护，进而造成了隧道拱腰至拱肩部位围岩体失稳、塌落。同时，隧道所穿越裂隙岩体区域持续发育有与隧道轴线呈大角度斜交的软弱夹层，在隧道开挖方向上有层状切割作用，且所在区域局部呈镶嵌破碎状，充填大量黄色蚀变物，含水率较高，呈塑性状态，层间结合差，剪切强度低，对围岩的整体及局部稳定性造成显著影响，因此在施工过程中虽然围岩整体较完整，但掉块、垮塌现象频发（图 5.8）。

图 5.8 老虎山隧道开挖后局部掉块
Fig. 5.8 Local rockfall after excavation of Laohushan tunnel

根据老虎山隧道围岩变形破坏规律，需首先对开挖过程中产生掉块、垮塌部位的围岩表层进行喷射混凝土，将其封闭，防止再次出现垮塌；对掌子面及边墙临空块体进行人工清除，针对有潜在威胁的巨大块体（诸如拱肩区域的最大关键块体）进行爆破清除；需要特别注意的是，除进行系统锚固支护外，应对关键块体区域制定合理、有效地支护措施，防止局部岩体在工程扰动下再次发生掉块。

5.3 支护条件下块体可靠性 GPR-MCS 响应模型

支护条件下块体的稳定计算不仅涉及结构面剪力、拉力及锚杆支护力等阻滑力，还包括块体重力、混凝土重力、主动压力等滑动力，其安全系数计算解析式如下：

$$F_s = \frac{-P \cdot s_0 + \sum_{i=1}^{n}(J_i^s + T_i)}{A \cdot s} \tag{5.12}$$

其中，$P=H+Y+B$，$A=W+C+X$，$J_i^s=\tau_i a_i \cos\theta_i$，$T_i=\sigma_{ti} a_i \sin\theta_i$。式中，$P$ 为阻滑力；H 为混凝土的剪力；Y 为被动压力；B 为锚杆力；A 为滑动力；W 为块体重力；C 为混凝土重力；X 为主动压力；T_i 为第 i 个节理面拉力；σ_{ti} 为第 i 个节理面的拉伸强度；a_i 为第 i 个节理面的面积；θ_i 为第 i 个节理面与滑动方向的夹角；s_0 为垮落方向；τ_i 为第 i 个节理面的剪切强度；s 为滑动方向；J_i^s 为支护条件下第 i 个节理面的剪力；F_s 为有支护条件下的块体安全系数。

由上述可知，关键块体稳定可靠度计算中，其解析表达式设计因素众多，不仅包含结构面的几何要素（结构面倾向、倾角、迹长等），还涉及岩体结构的力学参数（结构面黏聚力、摩擦因数、抗拉强度等），其可靠度计算所需显式功能函数已然较为复杂。倘若再考虑块体的支护结构（涉及锚杆排间距、径向间距等的布设方案、锚固力、抗拉力、抗剪力等力学参数，以及喷层混凝土的强度、喷层厚度等等），其功能函数势必非常复杂，高度非线性及多维性造成的方程构建及计算难度可想而知。而如何合理的获取其功能函数，或者说使其隐式功能函数显式化是其可靠度求解的关键，而这也正是地下岩土工程中可靠度设计滞后于桥梁、塔架、工民建等地上结构工程可靠度发展的瓶颈所在。

近年来，基于替代模型的可靠度计算方法应用越加广泛，其本质即是通过构造近似函数，将复杂的隐式功能函数显式化，以此降低求解工作量，提高计算效率。目前对于功能函数多呈隐式的地下岩土工程可靠度求解方法主要有随机有限元法、Monte Carlo 法与响应面法。其中，以神经网络（ANN）和支持向量机（SVM）为代表的数据挖掘算法在非线性响应函数构建方面得到了不同程度的应用，但由于理论自身的缺陷，在应用过程中尚存在不足之处。

高斯过程（Gaussian Process）作为一种新近的数据挖掘算法，是近年来机器学习领域的研究热点，它有严格的统计学习理论基础，具有灵活的非参数推断、参数自适应获取等优点，对于处理高维数、小样本、非线性等复杂问题具有良好的适应性[160,161]。本节拟采用高斯过程回归（Gaussian Process Regression）模型重构响应功能函数，耦合蒙特卡罗算法（Monte Carlo Simulation），构建GPR-MCS预测模型（GPC-based MCS Method），以求解在支护条件下确定关键块体稳定可靠性问题。

5.3.1 高斯过程回归理论

高斯过程是一个随机过程，其任意有限变量集合的分布都是高斯分布，且统计特征完全由它的均值 $m(x)$ 和协方差函数 $k(x, x')$ 来确定，可由下式定义：

$$f(x) \sim GP(m(x), k(x, x')) \quad (5.13)$$

假设有 n 个观察数据的训练集 $D=\{(x_i, y_i) | I=1,\cdots,n\}, x_i \in R^d$ 是 d 维输入矢量，$x_i \in R$ 是相应的输出标量。对于新的输入 x^*，高斯过程模型的任务是预测出与之对应的输出值 y^*。而观察输出值 y 往往存在一定偏差 ε，可表示为

$$y_i = f(x_i) + \varepsilon \quad (5.14)$$

其中，ε 亦为符合高斯分布的独立随机变量：

$$\varepsilon \sim N(0, \sigma^2) \quad (5.15)$$

观察目标值 y 的先验分布为

$$y \sim N(0, K + \sigma_n^2 I) \quad (5.16)$$

训练样本输出 y 和测试样本输出 y^* 所形成的联合高斯先验分布为

$$\begin{bmatrix} y \\ f^* \end{bmatrix} \sim N\left(0, \begin{bmatrix} K(X,X)+\sigma^2 I & K(X,X^*) \\ K(X^*,X) & K(X^*,X^*) \end{bmatrix}\right) \quad (5.17)$$

高斯过程可选择不同的协方差函数。在此采用的协方差函数如下：

$$k(x_p, x_q) = \sigma_f^2 \exp\left[-\frac{1}{2}(x_p-x_q)^T M(x_p-x_q)\right] = \sigma_f^2 \exp\left[-\frac{1}{2}\sum_{i=1}^{D} \frac{(x_{p,i}-x_{q,i})^2}{l_i^2}\right] \quad (5.18)$$

在高斯过程回归模型中，最优超参数可通过极大似然法来获得，所构建训练样本的对数似然函数的形式[161]为

$$\lg p(y|X,\theta) = -\frac{1}{2}y^T(K+\sigma_n^2 I)^{-1}y - \frac{1}{2}\lg|K+\sigma_n^2 I| - \frac{n}{2}\lg 2\pi \quad (5.19)$$

高斯过程模型通过给定新的输入值 x^*、训练集的输入值 X 以及观察目标值 y 的条件，推断 y^* 的最大可能预测分布如下：

$$P(f^* | X, y, X^*) \sim N(\bar{f}^*, \text{cov}(f^*)) \quad (5.20)$$

y^* 的均值和方差为

$$\bar{f}^* = K(X^*, X)[K(X,X)+\sigma^2 I]^{-1} y \quad (5.21)$$

$$\text{cov}(f^*) = K(X^*, X^*) - K(X^*, X)[K(X,X)+\sigma^2 I]^{-1} K(X, X^*) \quad (5.22)$$

由此，可获取 n 个训练样本输出 y 和测试样本输出 y^* 的联合高斯后验分布[161]，高斯过程回归模型的原理见图 5.9。

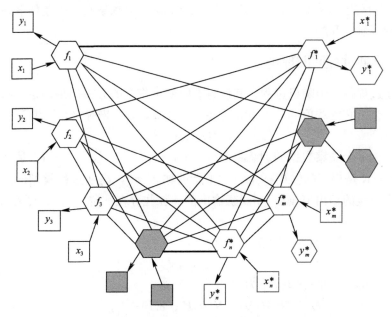

图 5.9 GPR 模型示意图

Fig. 5.9 Graphical model of GPR

5.3.2 块体可靠概率 GPR 模型

1. 失效概率与可靠指标

假设支护条件下关键块体稳定状况的功能函数为 $Z=g(x)$，其基本随机变量 x 的联合概率密度函数为 $f(x)$。则关键块体的失效概率为

$$P_\mathrm{f} = \int_{-\infty}^{+\infty} I[g(x)]f(x)\mathrm{d}x = E\{I[g(x)]\} \tag{5.23}$$

式 (5.23) 中，$I(x)$ 为 x 的示性函数，当 $x<0$ 时取 1，否则取 0。

设随机取样为 X，样本容量为 N，第 k 个样本值为 x_k，则 P_f 的估计值为

$$\hat{P}_\mathrm{f} = \frac{1}{N}\sum_{k=1}^{N}\int_{-\infty}^{+\infty} I[g(x)] \tag{5.24}$$

通过 GPR 模型逼近支护条件下关键块体的真实功能函数，可得

$$I[g(x)] \approx y_k^* = \begin{cases} 1, & g(x_k) > 0 \\ -1, & g(x_k) \leqslant 0 \end{cases} \tag{5.25}$$

将式 (5.25) 代入到式 (5.24)，得支护条件下关键块体失效概率 $\hat{P}_\mathrm{f}$ 和可靠指标 β。

$$P_{\mathrm{f}} = \frac{1}{N} \sum_{k=1}^{N} I(y_k^*) \tag{5.26}$$

$$\beta = -\Phi^{-1}(\hat{P}_{\mathrm{f}}) \tag{5.27}$$

式（5.27）中，Φ^{-1}（·）为标准正态分布的概率密度函数的逆函数。

2. GPR-based MCS 法实现步骤

（1）构造 GPR 模型的样本空间。假定有 n 维随机变量 x，将其取值等分为 y 个水平，并以 $L_{\mathrm{m}}(y^x)$ 正交设计表安排试验；借助 Unwedge 程序求出各支护设计组合条件下关键块体对应的功能函数值。

（2）通过 GPR 模型对上述学习样本进行学习，建立支护条件下关键块体的功能函数值与随机变量间的映射关系。

（3）根据随机变量 x 的特征分布随机抽取 N 个样本（本章选取 $N=10^6$），利用已构建 GPR 模型替代真实功能函数表达式进行功能函数值求解，并将其转换为功能函数状态值。

（4）基于蒙特卡罗法，由式（5.26）计算一定支护条件下关键块体的失效概率 p_{f}，并根据式（5.27）推求其可靠指标 β。

据上所述，借助 MATLAB 编制程序。

5.3.3 样本空间数据获取与设计

在已知构成关键块体的各岩体结构面产状信息的前提下，基于上节方法可获取其赤平投影图及相应的失效模式，进而通过 5.2 节所述计算该关键块体的安全系数。然而，锚固条件下关键块体稳定状态的安全系数求解则显得极为复杂，功能函数所含参数多，推导过程繁琐。为此，遴选 Unwedge 程序作为支护条件下关键块体安全系数求解的数值计算工具。Unwedge 程序是加拿大 Toronto 大学 E. Hoek 等基于石根华的块体理论开发研制的，此程序适用于硬岩开挖时形成块体的稳定性计算，程序假定结构面切割块体为四面体，即由三组结构面与临空面构成，结构体即为刚体结构面贯穿区域，可自动生成最大可能楔形块体，并求解其安全系数。

Unwedge 程序的缺点之一是仅可计算结构面形成的最大块体，暂无法考虑结构面径长对块体形成的影响，即所计算稳定性状况为其最不利情况。而就支护来讲，支护方案的确定应考虑围岩或关键块体稳定状况的最不利条件。因此，以 Unwedge 程序求解所得安全系数可以作为支护方案比选的参考值。程序内置 4 种加固方式，即一端固定锚杆、摩擦性锚杆、喷射混凝土以及喷混 & 锚杆组合。Unwedge 程序可计算不同结构面组合下块体的受力状况，以及块体大小、重量等参数，同时可计算不同结构面力学参数及支护条件下各关键块体的稳定安全系数，由此为我们构建样本空间提供了可靠的数据来源。

以老虎山隧道 ZK3+440～410 段为例，由于该里程段持续发育有长大控制性结构面及软弱夹层（见图 5.8），施工过程中掉块现象频发。该段实测代表性结构面产状参数如表 5.2 所示。由于各结构面力学参数较难获取且变异系数较大，尚无法得出完全符合工程实际的结构面力学参数概率分布函数。为简化计算，基于对既有力学参数试验数据的频数统计，同步参考《公路隧道设计细则》中岩体结构面取值，引用区间数理论[162,163]，仅确定 x_i 的最大值 $x_{i\max}$ 与最小值 $x_{i\min}$，令 $x_{i\max}=\mu+3\sigma$，$x_{i\min}=\mu-3\sigma$[162]，并假定各结构面力学参数服从正态分布，由此获取黏聚力及内摩擦角的大致概率分布函数。其中结构面黏聚力 $c=60\pm10$kPa，内摩擦角 $\varphi=16\pm4°$。基于 Unwedge 程序，构建老虎山隧道模型，该处隧道开挖轮廓为 19.85m×9.12m，该段埋深约为 120m，岩体重度 γ 为 2.7，泊松比为 0.5，支护锚杆抗拉力为 10t，锚固力为 10t，锚杆长度为 3.5m，所建隧道基本模型如图 5.10 所示。随机考虑一组结构面力学参数（$c=50$kPa，$\varphi=12°$）及支护方案（锚杆环距=1.2m，锚杆排距=1.4m），则无锚杆支护及有锚杆支护条件下的关键块体稳定性计算结果如图 5.11、图 5.12 所示。

真实节理几何参数　　　　　　　　　　　　表 5.2
Geometric parameters of real joints　　Tab. 5.2

节理组号	迹长均值（m）	倾向（°）	倾角（°）
1	15.0	205	80
2	8.5	155	75
3	17.0	80	5

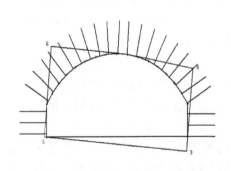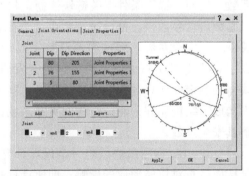

图 5.10　隧道模型及结构面参数设置

Fig. 5.10　Tunnel model and the structure parameters set

由图 5.12 可知，在该结构面组合情况下，可构成 6 个块体，体积较大者有块体 3、块体 4 及块体 6，其中块体 3 位于隧道底部，不作考虑；块体 6 及块体 4 分别位于围岩左、右拱肩处，未支护条件下，块体 6 的稳定安全系数 $F_{s(6)}=0.62$，块体 4 稳定安全系数 $F_{s(4)}=1.723$；支护条件下，块体 6 的稳定安全系数 $F_{s(6)}=2.178$，

第5章 局部关键块体稳定可靠性分析与支护优化

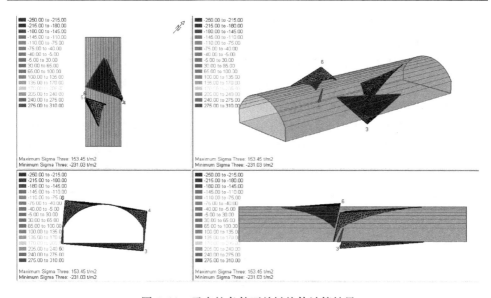

图 5.11　无支护条件下关键块体计算结果

Fig. 5.11　Calculation result of key blocks without anchoring

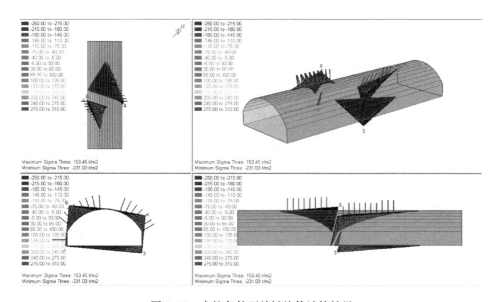

图 5.12　支护条件下关键块体计算结果

Fig. 5.12　Calculation result of key blocks with anchoring

块体 4 稳定安全系数 $F_{s(4)}=4.29$。工程设计中一般建议安全系数大于 $1.5\sim2.0$（临时性巷道大于 1.5，而永久性巷道应大于 2.0）。老虎山隧道作为长久运营的超大断面隧道，拟定 $[F_s]=2.0$。可知：块体 4、6 均为不稳定块体（$F_{s(6)}=0.62<2.0$；$F_{s(4)}=1.723<2.0$），且块体 6 更容易发生垮塌失稳破坏；而锚杆支护后，

两关键块体安全系数均满足稳定性评定要求。

由于关键块体失稳主要是发生在隧道掌子面爆破开挖后至隧道喷层混凝土施作之间,所以在样本空间设计中,暂不考虑喷射混凝土层对关键块体的作用;而考虑所研究范围为关键块体存在的小区间段围岩,故岩体重度、初始地应力可作为常量直接输入。因此,拟选取结构面黏聚力 c、摩擦角 φ、锚杆环距 D_0、锚杆排距 D 此 4 指标作为影响支护条件下关键块体稳定性状况的主要因素。为减少模拟次数,通过正交试验设计来抽取各随机变量的样本数据以获取功能函数 Z 的训练样本集。结合济南东南二环项目隧道现场实际工况及相应勘察设计资料,各因素取值范围如表 5.3 所示。将各影响因素取值区间等分为 5 个水平,选取 $L_{25}(5^6)$ 正交设计表中前四列安排试验,样本设计组合及由 Unwege 程序计算所得样本输出功能函数值见表 5.4。

基本工程参数设计取值 表 5.3
The value of basic engineering parameters Tab. 5.3

物理量	分布类型	设计参数名义值	实测不确定性参数(%)
黏聚力	正态分布	60kPa	33.33
摩擦角	正态分布	14°	28.57
锚杆环距	正态分布	1.2m	33.33
锚杆排距	正态分布	1.2m	33.33

基于正交设计的样本数据 表 5.4
Sample data based on orthogonal designing method Tab. 5.4

编号	黏聚力 (kPa)	摩擦角 (°)	锚杆环距 (m)	锚杆排距 (m)	F_s(关键块 No.6)		F_s(关键块 No.4)	
					无支护	有支护	无支护	有支护
1	40	10	0.8	0.8	0.498	4.830	1.379	7.960
2	40	12	1.0	1.0	0.507	3.242	1.386	5.857
3	40	14	1.2	1.2	0.516	2.256	1.392	4.533
4	40	16	1.4	1.4	0.525	1.699	1.399	3.661
5	40	18	1.6	1.6	0.535	1.571	1.406	3.259
6	50	10	1.0	1.2	0.611	2.802	1.716	5.082
7	50	12	1.2	1.4	0.620	2.178	1.723	4.290
8	50	14	1.4	1.6	0.629	1.834	1.729	21.522
9	50	16	1.6	0.8	0.638	2.713	1.736	5.345
10	50	18	0.8	1.0	0.648	4.036	1.743	7.222
11	60	10	1.2	1.6	0.724	2.108	2.053	4.362
12	60	12	1.4	0.8	0.733	1.802	2.06	3.738
13	60	14	1.6	1.0	0.742	2.417	2.066	4.879
14	60	16	0.8	1.2	0.752	3.501	2.073	6.469
15	60	18	1.0	1.4	0.761	2.598	2.08	5.232
16	70	10	1.4	1.0	0.838	2.824	2.39	5.449

续表

编号	黏聚力 (kPa)	摩擦角 (°)	锚杆环距 (m)	锚杆排距 (m)	F_s（关键块 No.6）		F_s（关键块 No.4）	
					无支护	有支护	无支护	有支护
17	70	12	1.6	1.2	0.847	2.186	2.397	4.742
18	70	14	0.8	1.4	0.856	3.255	2.403	6.196
19	70	16	1.0	1.6	0.865	2.590	2.410	5.059
20	70	18	1.2	1.0	0.875	3.057	2.417	6.313
21	80	10	1.6	1.4	0.951	2.079	2.728	4.719
22	80	12	0.8	1.6	0.962	3.211	2.734	6.117
23	80	14	1.0	0.8	0.969	4.469	2.74	8.015
24	80	16	1.2	1.0	0.979	3.171	2.747	6.589
25	80	18	1.4	1.2	0.988	2.512	2.754	5.512

以上述 25 组影响因素组合作为训练模型的样本输入，关键块体稳定性安全系数数值解作为样本输出，基于上述 GPC-MCS 算法构建关键块体失稳破坏的高斯过程回归预测模型（由于关键块体 4 在各类支护组合条件下安全系数 F_s 均满足稳定性要求，即 $P_f=0$，因此，仅将关键块体 6 作为后续支护条件下块体稳定可靠性分析的研究对象）。

5.3.4 工程应用与支护优化

基于老虎山隧道初期勘察设计资料及施工过程中现场量测数据，拟定各结构面黏聚力 $c=60\pm10$ kPa，内摩擦角 $\varphi=16\pm4°$，由所构建关键块体稳定可靠性预测模型，可计算关键块体 No.6 在不同锚固条件下的失效概率。其中锚杆环距设计值 $D_o=(1.1\text{m}, 1.2\text{m}, 1.3\text{m})$；锚杆排距 $D=[0.80\text{m}, 0.85\text{m}, 0.90\text{m}, \cdots 1.65\text{m}]$，假定施作锚杆环距 D_o 及排距 D 的标准差均为 0.1m，针对不同设计变量组合条件最大关键块体 No.6，根据上述 GPR-MCS 响应函数，对上述可能的设计变量组合进行结构失效概率计算，所得最大关键块体失效概率 P_{f1} 如表 5.5 所示，其失效概率趋势变化如图 5.13 所示。

不同锚杆支护条件下关键块体 No.6 的预测失效概率　　表 5.5
The predicted failure probability of key block No.6 with different anchoring condition
Tab. 5.5

编号	锚杆排距 (m)	锚杆环距 (m)		
		$D_o=1.1$	$D_o=1.2$	$D_o=1.3$
1	0.80	0.00009	0.00014	0.00158
2	0.85	0.00007	0.00013	0.00152
3	0.90	0.00010	0.00041	0.00141
4	0.95	0.00090	0.00081	0.00361
5	1.00	0.00019	0.00111	0.00383
6	1.05	0.00029	0.00157	0.00485

续表

编号	锚杆排距（m）	锚杆环距（m)		
		$D_o=1.1$	$D_o=1.2$	$D_o=1.3$
7	1.10	0.00055	0.00229	0.00868
8	1.15	0.00063	0.00484	0.01794
9	1.20	0.0023	0.01021	0.03604
10	1.25	0.00407	0.01992	0.06649
11	1.30	0.00762	0.03415	0.10355
12	1.35	0.01418	0.05432	0.16179
13	1.40	0.01962	0.08132	0.21904
14	1.45	0.02826	0.11485	0.28212
15	1.50	0.03518	0.13704	0.34632
16	1.55	0.03895	0.16360	0.38918
17	1.60	0.04317	0.16735	0.41185
18	1.65	0.03925	0.16247	0.40774

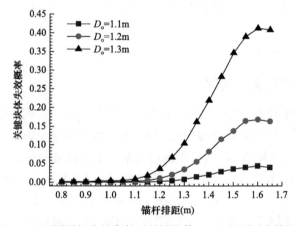

图 5.13 不同锚杆支护条件下关键块体 No.6 的预测失效概率

Fig. 5.13 Predicted failure probability of key block No.6 with different anchoring condition

根据图 5.14 中最大确定关键块体失效概率的计算结果，结合其失效概率之约束条件（拟定为 10^{-3}），可确定最大关键块体在设计变量 $D=1.2m$，$D_o=1.2m$ 组合条件下对应的结构失效概率为：$P_{f1}=0.01021>0.001$，即确定块体的稳定状况不满足工程可靠度要求。

然而，现场施工过程中锚杆排距及锚杆间距的变异系数一般不足 0.1m，就老虎山隧道而言，在Ⅲ级围岩及Ⅳ级围岩支护方案的施工过程中，量测其施作锚杆的施工误差约为 5cm，以Ⅳ级一般支护方案为例，其锚杆排距、锚杆环距的基本施作区间为（0.96，1.04），可认为：设计变量 D、D_o 的变异系数值为 0.05m。为此，分别计算支护设计变量变异值为 0.1m，0.05m，0m 条件下的关键块体失效概率，由此进一步分析关键块体的稳定可靠指标，其所得计算结果如图 5.15 所示。

第 5 章 局部关键块体稳定可靠性分析与支护优化

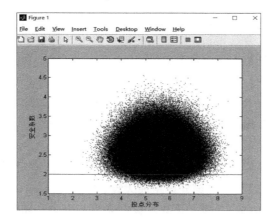

图 5.14 设计参数方差不同条件下关键块体 No.6 的预测失效概率

Fig. 5.14 Predicted failure probability of key block No.6 with different variance of anchoring design parameters

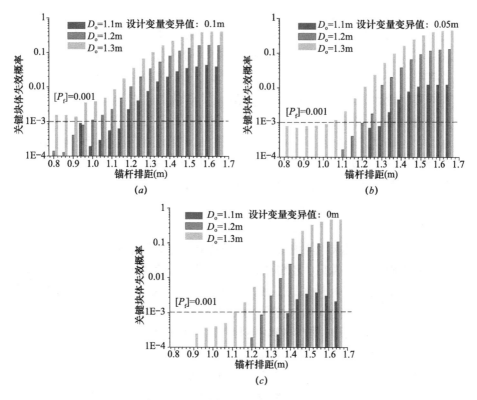

图 5.15 设计参数方差不同条件下关键块体 No.6 的预测失效概率

Fig. 5.15 Predicted failure probability of key block No.6 with different variance of anchoring design parameters

(a) 设计变量变异值为 0.1m；(b) 设计变量变异值为 0.05m；(c) 设计变量变异值为 0m

105

由图 5.15 可知,设计变量变异值为 0.1m 条件下,当锚杆环距为 1.1m 时,锚杆排距最大设计值为 0.95m,则最大关键块体失效概率 $P_f=0.00084<0.001$,满足可靠度设计需求;当锚杆环距为 1.2m 时,锚杆排距最大设计值亦为 0.95m,最大关键块体失效概率 $P_f=0.00091<0.001$,满足可靠度设计需求;而当锚杆环距为 1.3m 时,则无论锚杆排距怎样设计,均无法满足其可靠度设计需求。当然,由于锚杆环距、排距的变异值不足 0.1m,因此,该设计组合暂不作考虑。

在设计变量变异值为 0m 条件下,即锚杆支护设计绝对标准化施工的前提下,当锚杆环距为 1.1m 时,锚杆排距最大设计值为 1.15m,最大关键块体失效概率 $P_f=0.00063<0.001$,满足可靠度设计需求;当锚杆环距为 1.2m 时,锚杆排距最大设计值亦为 0.95m,最大关键块体失效概率 $P_f=0.00088<0.001$,满足可靠度设计需求。当然,绝对理想化设计及施工是很难实现的,因此,虽然这几组设计变量组合满足可靠度设计要求,但亦不作考虑。

在设计变量变异值为 0.05m 条件下,当锚杆环距为 1.1m 时,锚杆排距最大设计值为 1.30m,最大关键块体失效概率 $P_f=0.00080<0.001$,满足可靠度设计需求;当锚杆环距为 1.2m 时,锚杆排距最大设计值亦为 1.20m,最大关键块体失效概率 $P_f=0.00097<0.001$,满足可靠度设计需求;当锚杆环距为 1.3m 时,锚杆排距最大设计值亦为 1.00m,最大关键块体失效概率 $P_f=0.00090<0.001$,同样满足可靠度设计需求。

综上,还是以变异值在 0.05m 条件下的设计变量组合为参考,可选择设计变量组合有 ($D=1.0m$, $D_o=1.3m$);($D=1.2m$, $D_o=1.2m$);($D=1.3m$, $D_o=1.1m$)。而设计单位给定的设计方案为 $D=1.2m$, $D_o=1.2m$,满足最大关键块体稳定可靠度设计要求。

虽然最大关键块体可靠度设计结果($D=1.2m$, $D_o=1.2m$)的经济成本较小且满足可靠度设计要求,但该设计结果是建立在对确定最大关键块体设计参量精确获取的基础之上,因此,还需从其他方面进行综合考虑。

值得注意的是,在利用 GPC-MCS 预测模型对关键块体失效概率进行计算的过程中,当设计变量接近样本空间中对应变量的界限值时,所计算失效概率趋于失真。以锚杆排距为例,当锚杆排距 D 值接近界限值 0.8m 或 1.6m 时,所预测失效概率有向样本空间一般预测值倾向之趋势。不难理解,这是由于在进行模型训练中,由于设计的样本空间有限,即样本空间中各设计变量的组合区间有一定的取值约束,因此,当设计变量趋于界限值时,预测结果往往容易出错。这也是响应预测的缺陷之一,当然也不是没办法解决,针对不同的工程需求,可相应地调整样本空间的取值区间,使设计组合区间覆盖所有要比选的设计组合值即可。

5.4 基于 Info-Gap 理论的关键块体鲁棒性支护设计

现有关于关键块体可靠性计算的研究成果多数是在已知工程设计和影响因素具有不确定性前提下，计算关键块体满足设计稳定功能的概率可靠度，以此判断关键块体的稳定性。该方法虽考虑了影响因素的不确定性，但将其不确定性程度视为静态不变的；且由于对参数分布模型或计算方法的敏感性，可靠度设计必须建立在岩土力学参数具有明确统计规律的基础上，只要不确定参数的真实值与设计值有较大出入，就会使得优化问题的约束条件不满足，所获得稳定性结果难以真实反映结构安全性能，极大约束了概率可靠性方法解决工程问题的能力。

针对设计参数的不确定性，鲁棒性（Robustness）可有效评价系统功能对设计参数变异的敏感性。Juang[164,165]较早提出岩土工程鲁棒性设计方法，考虑了岩土力学参数统计特征不确定性对岩土工程安全与使用性能的影响，并对黏土中的支撑开挖进行了岩土鲁棒性设计分析[166]；Wang L 等[167]基于 Robust Geotechnical Design 理论，对台湾秀茂坪边坡进行了基于可靠度的岩土鲁棒性设计，并运用多目标优化原则建立其帕雷多前沿，探讨了该岩质边坡考虑经济性的鲁棒设计方案。Y. Ben-Haim[168-170]提出的 Information-Gap（简称 Info-Gap）理论也为该问题研究奠定了基础。该理论认为：在结构不失效的前提下，获得结构能够容许不确定性因素扰动的幅度范围，其可靠度即为结构对不确定性因素变化的抗扰动程度，称之为鲁棒可靠度。由于该理论对不确定性参量信息要求低，且在结构设计中主动考虑了参数不确定性变化对结构性能的影响，在岩土工程中具有较强的实用性。黄宏伟[171]提出了基于多目标优化方法与基于结构失效概率置信水平的 2 种岩土工程鲁棒性设计方法，并对比分析了可靠度方法与鲁棒性方法在挡土墙尺寸设计方面的应用。苏永华等[172]根据地下结构输出响应模型中不确定参量可能的取值范围，基于 Info-Gap 理论对某隧道衬砌的稳健性进行了分析，初步建立了地下结构稳健性分析方法。基于此，本节通过前述研究考虑了关键块体失效模式，在现有关键块体稳定性分析方法中引入 Info-Gap 理论，研究关键块体稳定性不确定性分析的鲁棒可靠度模型、功能输出响应模型及相应鲁棒可靠度指标确定方法，进而建立基于 Info-Gap 理论的关键块体鲁棒性支护设计方法，并与其可靠度支护设计结果进行比对分析，以优化关键块体支护设计的理论与方法。

5.4.1 Information Gap 理论

Information Gap（Info-Gap）指决策者已知信息与决策应知信息间的差别。不确定性的 Info-Gap 模型指的是拥有共同结构的无界嵌套集合族，集合里每个元素代表一可能事件。设 $\tilde{d}$ 为不确定性参数或变量的实现值，d 为名义值（设值或真实值),则由于外部环境或设计方面的不确定性,致使 $\bar{d}$ 与 d 存在差异,集合 $F(\alpha,\bar{d})$ 可认为是名义值 d 距离实现值 $\bar{d}$ 的变化程度。α 越大,可能变化区间就越大,故可用 α 来表征两者间的信息差,也就是设计过程中允许的最大误差。不确定性 Info-Gap 模型有很多种,常见的封套界限模型表达如下:

$$U(\alpha,\widetilde{\mu}) = \{\mu(t) : |\mu(t) - \widetilde{\mu}(t)| \leqslant \alpha\psi(t)\}, \alpha \geqslant 0 \tag{5.28}$$

其中,$\psi(t)$ 为决定封套形状的已知函数,不确定性参数 α 决定封套大小。$U(\alpha,\widetilde{\mu})$ 为背离名义函数 $\widetilde{\mu}(t)$ 小于 $\alpha\psi(t)$ 的函数 $\mu(t)$ 集合。封套模型的另一种表达形式为:

$$U(\alpha,\widetilde{\mu}) = \left\{\mu(t) : \left|\frac{\mu(t) - \widetilde{\mu}(t)}{\widetilde{\mu}(t)}\right| \leqslant \alpha\right\}, \alpha \geqslant 0 \tag{5.29}$$

若 $\mu(t) \equiv \mu, \widetilde{\mu}(t) \equiv \widetilde{\mu}$,则上式退化为一区间 $((1-a)\widetilde{\mu}(t), (1+a)\widetilde{\mu})$。

在工程优化设计中存在诸多无可避免的不确定性因素,那么如何在满足约束条件前提下估算系统允许最大误差,使设计结果在允许误差范围内变化,并保证系统不发生破坏呢?其实,该问题可由 Info-Gap 鲁棒函数来解决,其主要由 3 部分组成,即不确定性模型、系统模型以及性能要求。不确定性模型可由 Info-Gap 模型 $F(\alpha,\bar{d})$ 来描述;系统模型 $g(d,X)$ 为系统的响应或输出;性能要求即优化设计中约束函数应满足条件,可表示为:

$$g_j(d,X) \geqslant 0 \quad j = 1,2,\cdots,q \tag{5.30}$$

式中,g_i 为第 i 个约束函数,X 为不确定性变量或参数,诸如模糊变量、区间变量等;设计变量 d 对约束函数的鲁棒性即满足所有性能要求的最大不确定性 α:

$$\bar{\alpha}(d,X) = \max\{\alpha : \min_{d \in F(\alpha,\bar{d})} g_j(d,X) \geqslant 0\} \quad j = 1,2,\cdots,q \tag{5.31}$$

5.4.2 关键块体稳定鲁棒性评价模型

以关键块体稳定可靠概率作为其安全的表征方式,则不论何种失效模式所得可靠概率均不得小于可靠概率限值,因此,满足关键块体稳定性的期望功能可表示为:

$$K = \min\{K_i(i = 1,2,3,\cdots,n)\} \geqslant K_{标} \tag{5.32}$$

式中,K_i 为在第 i 种失效模式下关键块体的稳定可靠概率;n 为块体失效模式总数;$K_{标}$ 为期望的可靠概率限值。

在关键块体满足稳定性要求前提下,不确定参量存在一个允许不确定性变化幅值即鲁棒可靠度指标,其可分为设计参数与设计变量 2 类,设计参数是指岩体结构本身的不确定性及因人为或仪器量测误差产生的参量集合,如表征结构面几何展布(倾向、倾角、迹长等)及其力学特性(黏聚力、内摩擦角等)的参数;

而设计变量则是指为保证关键块体稳定可进行人为支护参数调控的参量集合，如锚杆长度、锚杆间距、锚固能力、喷射混凝土层厚度等。由此可见，评定关键块体稳定、安全的鲁棒性指标是设计参数、设计变量以及可靠概率限值的函数，式（5.31）可表示为

$$\hat{\alpha}(q,u,K_{标}) = \max\{\alpha:[\min K_i] \geqslant K_{标}\} \quad (5.33)$$

由式（5.33）可知，鲁棒可靠度指标 $\hat{\alpha}(q, u, K_{标})$ 值越大，则关键块体稳定所允许不确定参量变化幅度越大，反之亦然。将其与不确定参量的实际变化幅值比较即可建立关键块体的稳定性评价模型，可表述为：

$$\hat{\alpha}(q,u,K_{标}) \geqslant \alpha_{实} \quad (5.34)$$

由式（5.34）可知，对于一确定计算力学模型，不同设计变量 q 会对应不同设计参数 u 的不确定性变化幅度，即不同的鲁棒可靠度指标。那么在客观设计参数无法改变的前提下，若关键块体不能达到稳定或稳定程度过高时，可通过人为调控设计变量 q，来达到结构所期望的鲁棒可靠程度。

关键块体稳定可靠概率必须满足其性能要求，即式（5.32），而可靠概率 P_S 是由设计参数 u 与设计变量 q 来反映的，为确定设计参数的允许不确定性变化幅值，需构建关键块体可靠概率与设计变量及设计参数的关联模型，即关键块体功能输出响应模型（为便于表述，亦可采用关键块体失效概率 P_f 作为评定准则，即 $P_f=1-P_S \leqslant [P_f]$）。对于关键块体的稳定性验算，单面滑动、双目滑动及垂直掉落是其最主要的 3 种失效模式，文中功能函数由于是通过 GPR-MCS 构建的响应函数，所得样本数据是通过 Unwedge 软件直接计算所得，故无需考虑其失效模式。

5.4.3 关键块体稳定鲁棒可靠度指标

关键块体鲁棒可靠度指标 $\hat{\alpha}(q, u, K_{标})$ 的求解基于 Info-Gap 理论与关键块体输出响应模型，具体分析步骤与过程如下。

1. 不确定性参量及其名义值

关键块体不确定参量包括设计变量和设计参数，可由关键块体稳定安全输出模型式（5.32）和 GPC-MCS 响应模型获取。设计变量 q 可包括锚杆长度 L 和锚杆排距 D、锚杆环距 $D_。$、锚固力 N 以及混凝土喷层厚度 d 等，表示为 $q[L, D, D_。, N, d]$；设计参数 u 包括关键块体重度 γ_s、岩体结构面摩擦角 φ'、岩体结构面黏聚力 c，均为随机变量，服从正态分布，可表示为 $\mu=\{\gamma_s, \varphi', c\}$，分析过程不考虑各因素间相关性影响。

由于鲁棒可靠度指标的计算是基于名义值的，因此需首先确定合理的名义值。但是对于一计算模型确定的工程问题（此处可指既定的关键块体支护方案），并不考虑设计变量（锚杆长度、锚杆间距、喷层厚度等）的不确定性，即视为常

数；不确定参量仅指设计参数（结构面产状、岩体力学参数等），且一般取其实测区间数，即

$$\mu = [u^l, u^u] \tag{5.35}$$

式中，u_l 为设计参数下限，u_u 为设计参数上限。以设计参数区间的中值作为其名义值（真实值），即

$$\hat{u} = (u^l + u^u)/2 \tag{5.36}$$

2. 关键块体鲁棒可靠度指标

关键块体鲁棒可靠度指标 $\hat{\alpha}(q, u, K_{标})$ 要求满足关键块体稳定安全的预定功能。具体分析过程如下。

（1）给定不确定性参数 α 的初始值 α_0。由于 $\alpha \in [0, 1]$，因此不确定性参数的初始值可取该区间中值，即 $\alpha_0 = 0.5$。

（2）据式（5.29），令 $\mu(t) \equiv \mu$，$\tilde{\mu}(t) \equiv \tilde{\mu}$，即为不随时间变化的量，则式（5.29）变为一区间值，不确定性参数 α_n 对应的设计参数 u 的区间数为：

$$\mu = [(1-\alpha_n)\hat{u}, (1+\alpha_n)\hat{u}] \tag{5.37}$$

（3）求解各失效模式下关键块体稳定可靠概率 K_i。由于关键块体稳定可靠计算可看作区间数运算问题，可采用区间组合分析法[163]进行计算。利用式（5.35）所得安全系数仍为区间数，即

$$K_i(\alpha) = [k_i^L, k_i^U] \tag{5.38}$$

（4）为保证关键块体稳定的鲁棒性，须保证式（5.33）恒成立，即

$$\min K_i(\alpha) = \min[K_i L] \geqslant K_{标} \tag{5.39}$$

因此，鲁棒可靠度指标 $\hat{\alpha}(q, u, K_{标})$ 的求解可看作式（5.39）的极值寻优问题，可按下述进行迭代计算：

① 若 $P_S(\alpha_n) \leqslant $ eps，则迭代结束（取 eps$=0.001$）；

② 对于 $P_S(\alpha_n) \geqslant $ eps 的情况，若 $\min K_i(\alpha_n) < K_{标}$，令 $\alpha_n + 1 = \alpha_n - 0.5^{n+1} \alpha_0$，否则，令 $\alpha_n + 1 = \alpha_n + 0.5^{n+1} \alpha_0$，重复迭代计算。

至此，建立出基于 Info-Gap 理论的关键块体稳定鲁棒性设计方法。

5.4.4 实例验证与主动防控

为分析关键块体的鲁棒性设计方法，以上述确定关键块体为例。考虑以结构面黏聚力、摩擦角、锚杆抗拉力、锚固力为设计参量，以锚杆排距、锚杆间距为设计变量。由于锚杆抗拉力与锚固力变异系数相对较低，设计参量仅考虑结构面黏聚力、内摩擦角。支护条件下关键块体稳定性计算以上述 GPR-MCS 所构建响应作为功能函数。

根据现场试验及工程勘察设计资料，给出的岩体及支护材料力学参数变异系数取值范围，可确定本工程案例基本力学参数取值（见表 5.6）。

第5章 局部关键块体稳定可靠性分析与支护优化

基本工程参数设计值　　　　　　　　　　　　　　　表5.6
The value of basic engineering parameters　　　　　Tab. 5.6

物理量	分布类型	设计参数名义值	实测不确定性参数（%）
黏聚力	正态分布	60kPa	16.67
摩擦角	正态分布	16°	12.50
锚杆环距	正态分布	1.2m	8.33
锚杆排距	正态分布	1.2m	8.33

根据上述 GPR-MCS 所构建响应函数，可计算该确定最大关键块体的稳定可靠概率。依据老虎山隧道工程勘察设计资料及《公路隧道设计规范》，优化设计中锚杆支护基本可控设计参数取离散值，如表 5.7 所示。

隧道锚杆支护设计参数取值　　　　　　　　　　　　表5.7
Possible values of design parameters of anchoring for tunnels　Tab. 5.7

基本设计参数	取值范围（m）
锚杆环距 D_o	{1.00, 1.10, 1.20, 1.30, 1.40}
锚杆排距 D	{0.80, 0.85, 0.90, 0.95, …, 1.60}

1. 计算结果分析

用本章方法针对前述隧道锚杆支护确定性设计变量组合结果（$D=1.2$m, $D_o=1.2$m）进行分析计算，具体过程如下：

（1）确定 $\alpha_实$。各不确定变量的实际不确定程度由名义值和测定的取值区间获得（见表5.6）。为使关键块体稳定性评价具有最大包容性[165]，以具有最大不确定性程度的设计参数 α_{max} 作为其不确定参量实测不确定性程度的最大变化幅值 $\alpha_实 = 16.67\%$。

（2）在确定设计变量组合值（$D=1.2$, $D_o=1.2$）和块体可靠概率限值 $K_标$ 前提下，根据式（5.33）和所述方法迭代计算得确定最大关键块体抗滑移鲁棒可靠度指标 $\hat{\alpha}(q, u, K_标) = 19.257\%$。

（3）利用上述式（5.34）将计算所得鲁棒可靠度指标 $\hat{\alpha}(q, u, K_标)$ 和 $\alpha_实$ 进行比较，得到 $\hat{\alpha}(q, u, K_标) = 19.257\% > \alpha_实 = 16.67\%$，符合稳性评价模型。

因此，根据本章稳定性分析的计算结果可判定确定最大关键块体在该隧道锚杆支护设计变量组合（$D=1.2$m, $D_o=1.2$m）下是稳定安全的，不会因影响因素的不确定性变化而发生掉落或滑移破坏。

2. 主动支护设计

上述计算仅是针对设计变量为某一设计组合值条件下确定关键块体稳定可靠的被动分析，即只能对已施作初期锚杆支护条件下关键块体稳定与否进行判定，但对改变隧道锚杆支护具体支护参数（锚杆排距 D、锚杆环距 D_o）并使其满足最大关键块体稳定性要求是无法说明的,这对揭露掌子面岩体发育有断层破碎带、软弱夹层等不良地质结构体且极易构成大型关键块体的隧道开挖段是具有重要指导意义的。下面结合上述实例,对其主动处置功能进行分析。

在不同设计变量组合下,满足最大关键块体稳定、安全功能要求的鲁棒可靠度指标是不同的,利用前述方法可计算最大关键块体在不同支护设计变量(锚杆纵向排距 D、锚杆环距 D_o)情况下,关键块体失效模式鲁棒可靠度指标 $\hat{\alpha}(q, u, K_{标})$ 结果如表 5.8 所示(为便于表述,以关键块体失效概率 P_f 进行表征,其中 $P_f = 1 - P_s$)。

关键块体鲁棒可靠度设计结果 表 5.8
Results of robust reliability design of the key block Tab. 5.8

编号	锚杆排距(m)	锚杆环距(m)			
		1.1	1.2	1.3	1.4
1	0.8	>0.6	39.185	18.154	10.785
2	0.85	>0.6	36.074	18.162	10.937
3	0.9	>0.6	33.157	18.165	12.871
4	0.95	>0.6	30.542	18.161	14.424
5	1.0	>0.6	28.425	17.775	14.705
6	1.05	46.583	26.267	17.188	14.512
7	1.1	38.511	23.773	16.713	13.588
8	1.15	32.544	21.468	15.386	12.249
9	1.2	28.047	19.257	13.824	10.127
10	1.25	24.194	16.524	11.828	8.164
11	1.3	21.352	14.528	9.883	5.753
12	1.35	18.561	12.461	7.831	3.406
13	1.4	16.748	10.637	5.882	1.058
14	1.45	15.393	9.072	4.159	$P_f=1$
15	1.5	14.506	7.728	2.455	$P_f=1$
16	1.55	14.389	6.923	1.184	$P_f=1$
17	1.6	14.027	6.674	0.392	$P_f=1$

由表 5.8 可知:当设计锚杆环距 D_o 分别为 1.1m、1.2m 及 1.3m 时,满足关键块体鲁棒可靠度要求的(即鲁棒可靠度指标 $\hat{\alpha}(q, u, K_{标}) > 16.67\%$),锚杆排距最小设计值分别为 1.4m,1.2m 及 1.1m,即存在一临界值 $[D]$,即锚杆排距 $D < [D]$ 时,最大关键块体稳定鲁棒可靠度维持在安全水平,表明在该设计变量组合条件下,最大关键块体的鲁棒性刚好可满足岩体结构面力学参数的变

异需求,且 $P_f<0.001$。然而,当锚杆环距 D_o 设计值为 1.4m 时,无论锚杆排距在设计组合区间内怎样变化 $(\hat{a}(q, u, K_标)_{max} = 10.785\%)$,均无法满足确定关键块体的鲁棒可靠度指标 $\hat{a}(q, u, K_标) > 16.67\%$。

参考上述表 5.8 及图 5.16,可获取不同设计变量(此处即锚杆支护)组合条件下满足关键块体鲁棒可靠度指标要求的最大设计参量变异临界值,也就是说,以该处最大关键块体为研究对象时,只要获取岩体结构面力学参数的变异区间,即可参考表 5.8 获取满足关键块体鲁棒可靠性要求的锚杆支护参数组合。当然,在现实中由于岩土工程本身的复杂性,其设计参量往往难以精确获取,加之开挖过程中地下水、爆破振动等的影响,仍存在小型关键块体失稳垮塌的可能。因此,现场施工过程中,应及时对掌子面及边墙进行喷浆,以防小型块体掉落,同时应短进尺、多循环、加强支护,及早封闭成环,并做好防排水措施,防止局部坍方、掉块等工程问题发生,确保隧道的正常施工及工作人员的人身安全。

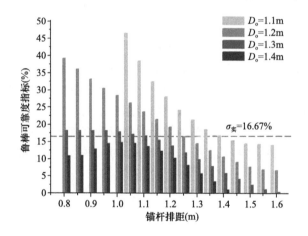

图 5.16 最大关键块体锚杆排距与鲁棒可靠度指标的关系

Fig. 5.16 Relationship between anchor row spacing and robust reliability index of the max key block

5.5 本章小结

本章针对岩体结构面几何展布及其物理力学参数不确定性问题,将随机概率模型引入块体理论,采用蒙特卡罗模拟,对大小不等的块体形成概率及破坏概率进行计算,构建了块体稳定的总失效概率评价模型。针对支护条件下关键块体稳定性功能函数复杂、无法快速计算其可靠指标问题,构建了 GPR 响应模型代替块体稳定性分析的显式功能函数,通过 Unwedge 程序获取关键块体的安全系数作为响应模型中的样本输出,利用高斯过程理论所构建响应模型耦合 MCS 法,实现了关键块体的失效概率预测，由此对不同支护组合条件下的块体稳定可靠性指标进行分析。同时，就岩土力学参数的变异性致使关键块体稳定性分析难以反映其真实安全性能和失效水平问题，基于 Info-Gap 理论对确定关键块体稳定性影响因素的不确定性程度提出了新的度量方法，建立了支护条件下关键块体稳定性评价的鲁棒可靠度指标。所得结论如下：

（1）以分界边长对块体进行分区，通过计算各区间内块体形成概率、破坏概率及两者联合概率，可综合评定无支护条件下不同大小块体的稳定可靠性；且块体越大，块体形成概率越小，破坏概率越大。

（2）基于 GPR-MCS 法构建的关键块体稳定可靠性分析方法可计算不同支护设计组合条件下关键块体的失效概率，无需求解繁琐的功能函数，分析结果可快速地反馈于施工，并对不同支护设计方案给出合理评定。

（3）基于 Info-Gap 理论对确定关键块体稳定性影响因素的不确定性程度提出了新的度量方法，进而建立了支护条件下关键块体稳定性评价的鲁棒可靠度指标，可较好地反映不确定参量动态变化对确定关键块体稳定性的影响。

（4）在支护条件下关键块体的鲁棒性设计分析中，由于提前考虑了设计参数的不确定性，在满足其鲁棒性水平基础上，通过人为调控设计变量，使初期设计支护在工程应用中由被动应对变为主动处置，具有较高的鲁棒可靠度。

（5）Info-Gap 理论对不确定参量原始数据样本的信息量要求低，且无需知道其具体分布形态及具体稳定性计算函数，因而较现有支护条件下关键块体稳定性的不确定性分析方法具有明显优势，可较好地对某些数据样本信息缺失的工程问题进行分析。

第 6 章　隧道围岩变形响应预测与动态变更许可机制

6.1　引言

在裂隙岩体的隧道施工过程中，开挖岩体与周围环境间存在着能量交换，而围岩变形是直接与围岩稳定状态相联系的宏观物理量，是岩体开挖时的行为功能发出的信息。实际上，事物的发展变化都是该事物内外影响因素综合作用的结果，其可用一定的数学模型进行表述：$y=f(x_1, x_2, x_3, \cdots, x_n)$。在隧道围岩稳定性分析中，$y$ 可表示围岩变形状况，$x_1, x_2, \cdots, x_n$ 表示影响隧道围岩变形的各种因素。隧道作为一个系统工程，其影响因素是多方面、多层次的，涉及包括地理与地质环境、岩体结构属性、地下水、地应力等自然因素，以及隧道结构设计、开挖工法、支护方案、施工技术与管理水平等工程因素。隧道围岩稳定性问题的研究实际上就是对其影响因素的认知以及稳定性状况与各影响因素间关系模型的建立。可以说，隧道围岩稳定性问题，就是围绕其展开的数学建模过程，实际问题解决得好不好，就是所建数学模型能否反映实际情况。

为此，近 30 多年来许多学者开始引入一些新理论与新方法以期建立一种更为合理的隧道围岩稳定性评价模型，其主要研究手段可概括为以下 3 类：（1）基于统计理论的评价模型（回归分析、统计分类的评价模型）；（2）基于人工智能的评价模型（专家系统、神经网络及支持向量机等）；（3）基于类比法思想的评价模型（模糊数学、灰色理论和可拓学的评价模型）。其中，现行规范、标准[106,107,173]中常用的围岩等级评定即是回归分析的典型代表之一，以我国《工程岩体质量分级标准》[106]为例，其 BQ 值计算公式即是通过国防、铁道、水电、煤炭等各部门选定的 103 组样本中，通过相关分析、聚类分析和可靠性分析等，根据逐次回归法建立的[107]；其他较有代表性的有：陶振宇和彭祖赠[34]的岩体工程分类的模糊数学方法，张清等[44]的铁路隧道围岩分类专家系统，冯夏庭[49]的基于神经网络的围岩分类方法，冯玉国[31]的围岩稳定性分类的灰色优化理论，陈守煜和韩晓君[174]的隧道围岩稳定性评价的模糊最优归类模型，宫凤强和李夕兵[24]的岩体质量等级评定的距离判别分析法，曹文贵等[175]的山岭隧道塌方风险的集对分析方法，李术才等[176]的隧道塌方风险评价的属性识别模型等，均对隧道围岩稳定性及其质量评定产生了极为深远的影响。但是由于面向对象是全国各地不同的隧道工程，需全面、综合地考虑围岩稳定性及其质量评定的各影响因素及工程可行性，因此所建数学模型的评定标准或评估结果多是在等级区间层面上的，具有很好的普适性，但相对来讲比较宽泛。而就具有鲜明特色的某隧道而言，很难做到具体问题具体分析，实现对具体工程的针对性指导。

一般来讲，某隧道工程的修建可概述为：在既定的地质环境与岩体条件下，对设计隧道选取一定的开挖工法与支护方案进行施工，施工过程中要求围岩变形在允许范围之内，以达到控制围岩稳定的效果。从博弈论角度来讲[177]，就是选取最经济、合理的开挖支护手段，克服自然环境给定的天然介质条件，达到修建隧道围岩稳定的目的，而选择何种开挖支护方法，即为一种人与自然的动态博弈。多数情况下，设计施工单位是基于已有规范，并以全国各地已修建的同类隧道之经验来对某未开挖隧道进行工程类别，却忽略了某隧道本身也是一个完整的自系统工程，其在一定工程岩体区间内也具有自相似性。尤其是在同一隧道、隧址区乃至同一隧道群，其地质构造、地层结构、岩体属性等都是大同小异的，而工程因素方面（隧道断面形式及大小、同一设计围岩等级下的开挖支护方案、施工技术与管理水平等）则可视为同等效应水平。这就为针对某具体隧道构建围岩稳定性影响因素与评定标准之间的映射模型提供了可能。然而，在隧道实际施工中，却往往忽略了这种已开挖段所揭露岩体的自然属性与现场监控量测信息之间的内在关联，而这恰恰是对后续未开挖段施工、设计变更与否等有重要指导意义的。目前，对于量测位移信息应用的研究，多是通过位移反演进行岩体力学参数敏感性分析及数值模型优化[178,179]，或是分析位移的时序变化趋势来预测其稳定收敛值[180,181]。而如何利用已开挖岩体的先验分布信息及监测数据，在既定工程影响效应水平下，挖掘岩体自然属性与围岩变形间的响应协调关系，进而实现围岩稳定性的动态评定与施工协同控制，还尚未有深入研究。数据挖掘（Data Mining）正是综合考虑数学的、统计分析的、人工智能等科学方法，从大量数据中挖掘出先前未知的、隐含的、对决策有潜在利用价值的关系、模式或趋势，并用这些认知与规律构建用于决策支持的模型，提供预测性决策支持的方法、工具与过程。

基于此，本章以老虎山超大断面隧道为工程依托，基于数据挖掘理念，充分利用已开挖段揭露围岩的先验分布信息，基于高斯过程回归理论，构建同一设计围岩等级区间段内岩体自然属性与变形间的映射模型，实现对当前掌子面围岩变形收敛值的响应预测。以此作为隧道施工工法变更与否的先导判据，综合超前地质预报解译数据、现场围岩亚级分类结果以及初期勘探资料等多源异构信息，进行围岩稳定性状况的交互式耦合分析，进而构建了隧道变更的动态评估决策与施工许可机制，以实现隧道开挖工法与支护参数的动态调控。此外，利用揭露围岩信息的概率分布统计，耦合 GPR 与 Monte Carlo 算法，对隧道设计等级区段内围岩变形的整体失效概率及可靠性评估进行了尝试性探索。

6.2 数据挖掘模型及指标确定

6.2.1 围岩变形 GPR 响应模型

影响围岩稳定性状况的因素可基本概括为自然因素与工程因素两类，而现实中很难将开挖工法、支护方式、施工技术与管理水平等工程因素以精确的定量化形式表征出来。为此，将研究对象定义为同一条隧道的同等设计围岩等级区段。那么在这一研究对象中，其断面形状与尺寸、开挖工法、支护参数、工程材料、施工技术及过程控制等均处在同一效应水平下。从另一角度来讲，工程因素会影响围岩变形本身的大小，但在同一设计围岩等级区段内，其对量测位移在空间维上的变化趋势是没有影响的，那么要构建的数学模型可简化为围岩变形与岩体自然属性两者之间的映射模型。

以隧道同一设计围岩等级区段为研究对象，也尽量保证了岩体的实际地质历史过程处在同一效应水平下，减小了其样本本身的差异性。在该区段已开挖部分中，可获取各掌子面岩体的自然属性评定指标（地质结构、岩体力学参数、结构面产状等），同时，通过现场监控量测可获取各选取断面的围岩变形收敛值。以所选监测断面为样本，则每个样本中包含了该断面岩体的自然属性指标与围岩变形收敛值。采集已开挖段各量测断面的信息，构成一样本空间。以揭露岩体的自然属性指标为输入样本，围岩变形收敛值为输出样本，则基于数据挖掘算法可构建一映射模型。进而直接通过当前掌子面揭露围岩的自然属性来预测其变形收敛值。

高斯过程（Gaussian Process）作为一种新近的数据挖掘算法，是近年来机器学习领域的研究热点，对于处理高维数、小样本、非线性等复杂问题具有良好的适应性。为此，引入高斯过程回归理论（Gaussian progress regression theory）来构建两者之间的映射模型。高斯过程回归理论已在上述章节介绍，此处不再赘述。仅列出围岩变形 GPR 响应模型构建步骤如下：

（1）以开挖段各监测断面的岩体自然属性评定指标与围岩收敛变形值为训练样本，GPR 模型的输入样本对为：(x_i, y_i)，$i=1, 2, \cdots, k$，其中，x_i 为影响隧道围岩变形的若干个定量控制因素（此处仅包括岩体自然属性影响因素），y_i 为围岩变形收敛值。

（2）构建岩体自然属性与围岩变形收敛值之间的映射模型需要提供功能函数 Z 的训练样本，选取的样本点是同一隧道在同等设计围岩等级区段中已开挖部分的各断面信息。在实际应用过程中，随着隧道的不断开挖，样本集进行滚动式更新,即在添加下一断面为样本点的同时,舍弃距离掌子面最远的样本点。

(3) 当影响围岩变形的各控制因素诸如岩石强度、RQD 值、岩体完整程度、隧道埋深等的数量级相差较大时,需对样本数据进行标准化处理:

$$p_i = x_i/s \tag{6.1}$$

其中,

$$s = \left[\frac{1}{n-1}\sum_{i=1}^{n}(x_i-\bar{x})^2\right]^{\frac{1}{2}}, \bar{x} = \frac{1}{n}\sum_{i=1}^{n}x_i \tag{6.2}$$

式中,x_i 为第 i 个指标,P_i 为标准化后的值。

(4) 通过模型训练,建立控制影响因素 x_i 与输出响应 y_i 间的映射关系,基于对数边缘似然函数式(5.19)的极大化获得 GP 的最优超参数[136,182]。

(5) 通过式(5.21)、式(5.22),获取既定工程影响条件下 X^* 对应的围岩变形收敛预测值 y^*。

6.2.2 评定指标与标准选定

除工程影响因素外,影响围岩稳定性及其变形收敛的自然因素有很多,目前在位移反演求岩体参数的研究中,应用最为广泛的是岩体黏聚力、内摩擦角、抗拉强度、弹性模量、泊松比以及岩体重度等。的确,这些评定指标对隧道围岩的变形收敛有重要影响。但在隧道的实际施工中,很难去耗费大量的人力、物力来获取每个量测断面的岩体弹性模量、泊松比等,如此便失去了对隧道施工的实际指导意义。因此,所选评定指标既要能真实地反映隧道揭露岩体的基本属性,又要考虑工程实际及可操作性。为此,通过分析国内外岩体分级方法和各标准中分类因素的选用情况[111,112,183],将影响围岩稳定性的评定指标归纳为 3 类:围岩结构发育特征指标、赋存地质环境特征指标和工程因素指标(见表 6.1)。与此同时,通过对大量隧道失稳破坏案例与各类围岩稳定性评估模型及系统[26,67,114,184]的统计分析,在充分考虑评定指标的工程可操作性及可量化表征的基础上,初步遴选出以下评定指标:岩石单轴饱和抗压强度 σ_{ci},岩体体积节理数 J_v,岩体结构面自身发育特征 J_c,岩石质量指标 RQD,地下工程岩体质量指标 [BQ],隧道埋深 h。

常用围岩基础评定指标汇总表　　　表 6.1
Summary of basic evaluation indices of common surrounding rock　　　Tab. 6.1

评定因素	基础评定指标
完整岩块强度特征	岩块饱和单轴抗压强度实测值
岩体结构空间几何分布特征	结构面组数、可见迹长、间距、产状
岩体结构面自身发育特征	粗糙度、蚀变度、张开度及胶洁充填
地应力水平特征	初始地应力
地下水状况	地下水流量
工程因素	开挖轴向与结构面产状组合关系

其中，岩石单轴饱和抗压强度反映完整岩块强度特征；而岩体结构空间几何分布特征反映岩体结构空间展布形态及其完整程度。拟选取现场较易测得的岩体体积节理数作为岩体结构空间几何分布特征的基础评价指标，同时辅以岩石质量指标 RQD，以更全面地表征岩体在三维空间上的完整程度[185]。岩体结构面自身发育特征反映岩体结构面抵抗剪切变形的性能，主要有结构面起伏状态、蚀变度及其张开度等，总结已有研究[18,21,109,106,186]的评价指标，结构面蚀变度、粗糙度、张开度 3 个指标应用较多。由于很难采用完善的测试技术或手段获取精确地量化数值，因此，参考 GSI 法与 Q 系统法评定思路，采用结构面粗糙度指标 JRC 与蚀变度 ADI 的比值 J_c 作为岩体结构面自身发育特征的量化评定指标。

虽然通过岩石单轴饱和抗压强度与岩体体积节理数可基本对 BQ 值做出评判，但之所以将地下工程岩体质量指标［BQ］也作为评定指标之一，主要是考虑了其对地下水、主要结构面产状及初始应力状态的影响修正系数 k_i。针对一般隧道而言，以上 3 种修正系数可较为合理地对地质构造特征进行量化表征，且具有较好的工程可操作性。当然，对诸如深埋、高地应力区等地质构造效应显著的隧道，或岩溶发育区、富水破碎区隧道等特殊隧道工程而言，则可对围岩强度应力比或地下水流量等鲜明指标进行单独表征。此外，如果就 V 级破碎围岩来讲，由于岩体呈块体破碎状，其岩体属性更倾向于各向同性，那么结构面产状修正系数则显得无关紧要；而对于 II 级、III 级等较完整岩体，围岩的整体稳定性还是受控于发育的长大结构面，此时可将各结构面产状作为多项指标进行评定。

以上评定指标是在考虑工程可行性及普适性的基础上，针对一般隧道进行遴选的。当然，如果就具体隧道而言，可结合现场工程对评定指标进行针对性的替换与修正。由于在 GPR 所构建的映射模型中，可基于样本空间信息自动对各评定指标分配权重，所以无需考虑权重分配的问题；或者可基于已开挖隧道段的统计信息，先进行评定指标与围岩变形收敛之间的敏感性分析，进而遴选出更有针对性的评定指标（在数据条件允许的情况下，还是推荐选用后者，以减免后续信息采集工作）。

在围岩稳定性评定标准方面，常以洞周位移或塑性区经验值作为稳定性判定指标[187-189]。现行设计规范[107]及技术规范[173]是以极限净空相对位移值的形式给出的。比之于收敛位移累计值，相对收敛值间接地考虑了隧道断面尺寸的影响。同时，规范中针对不同围岩等级与埋深对其进行了分别界定，这也是为何选取隧道埋深 h 作为评定指标的原因之一。

然而，这些作为判定标准的"极限位移"是在隧道开挖过程中现场监控量测基础上经分析所得经验值，工况条件的差异以及量测误差等客观因素往往致使其存在定性使用的局限[189]，在实际施工过程中有悖于上述标准的现象也偶有发生：有的软弱围岩在变形值超出其规范允许值数倍后仍可保持围岩的整体稳定；有的尤其是在浅埋、大断面隧道工程中，围岩变形尚未达到其允许变形值就发生了失稳破坏。

因此，本章在以洞周水平相对位移收敛值为评定标准的基础上，结合位移管理等级及位移速率判断标准[190]，动态分析当前掌子面与已开挖断面洞周收敛值的比值与变化趋势（如大幅度变化或突跳现象），进行围岩变形允许值的综合确定（规范[107]中亦注明：在施工过程中允许收敛数值可通过实测与资料累计进行适当修正）。

6.3 隧道施工变更许可机制

6.3.1 隧道施工过程变更概述

隧道修建之初，勘察设计单位通过钻探、物探等手段对隧址区进行详细的地质勘测，将隧道各区段划分为不同的围岩等级，并针对不同围岩等级区间段进行开挖工法与支护参数的预设计。然而由于条件所限，初期勘探无法对隧址区的整个地质情况做到完全详尽、精细的探明。往往需要施工单位在隧道开挖过程中，通过观测揭露掌子面的围岩地质情况进行动态调整，而由于岩土体参数本身的不确定性，加之各定性、定量评定指标在获取过程中由仪器误差、人为操作等产生的离散性及随机性，往往是应用同一评价体系及分级标准，却得出不同的评判等级。那么施工单位面临的现实问题是：若揭露围岩比初期勘探的围岩质量差，是否应暂停施工，仅依据揭露岩体的评定等级直接进行变更；若不变更，以目前的开挖工法与支护方案，能否提供一定的变形安全余量，使其继续满足围岩稳定性的要求。

此外，在隧道开挖工程中，掌子面揭露的岩体质量经常会处于两级围岩之间，如三类偏四类围岩和三类偏二类围岩的开挖、支护方案是有很大差别的，可能围岩级别只需要调整半级就能满足施工要求，然而由于无法单凭围岩等级对围岩稳定性做出合理评判与预估，就不得不按高一级处理，从而造成很大的浪费。若暂停施工或减缓进尺，进而通过持续的现场监控量测获取最终变形收敛值来评定围岩稳定状况，则严重影响施工进度。

然而工程实际情况往往是，业主方与设计方监管不到位，并未主动给施工单位进行动态施工设计的相关技术交底，以至于只要施工方不提出大问题，业主方与设计方一般不会主动去收集施工过程中的各类揭露或量测数据。即便是施工方主动提出相关问题，相关方一般也都会过分依赖施工方的基础资料及认知经验来进行处理，而不是过多地参与原始资料的收集与分析。同样，施工方则往往由于理论、技术等的欠缺而难以对施工现场存在的问题做出科学、合理的决策。

6.3.2 动态变更许可机制构建

考虑上述工程实际问题，构建集围岩变形收敛预测值、超前地质预报解译数据、现场围岩亚级分级评定等多源异构信息于一体的隧道新奥法施工动态变更许可机制（见图 6.1）。隧道动态变更许可机制具体构建流程如图 6.2 所示。

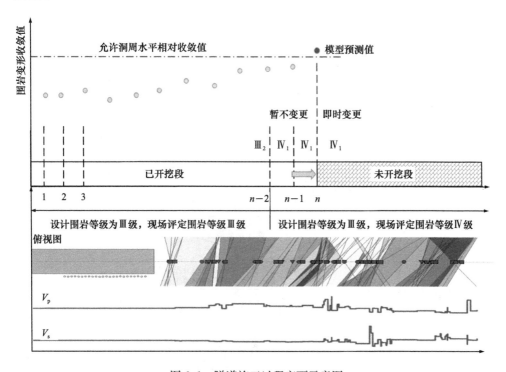

图 6.1　隧道施工过程变更示意图

Fig. 6.1　Schematic diagram of construction change

（1）在同一设计围岩等级区段内，充分利用、挖掘已开挖段围岩的先验分布信息与量测位移，基于上述数据挖掘算法——GPR 模型，构建两者之间的映射模型（即隐式功能函数），期间无需通过持续观测来确定收敛值，也无需进行位移的反演分析，可通过对当前掌子面围岩地质信息的采集，直接对其最终变形收敛值进行响应预测。以允许洞周水平相对收敛值为评判依据（极限位移值的确定也可依据隧道现场实际情况，结合规范在统计分析的基础上进行机动修正，如超过了各个已监测位移收敛值的 2/3；在无施工干扰的情况下变形速率增大，每日的位移量超过极限位移的 10%[187]；或采用相对突变、跳跃值作为失稳判据；也可依据施工技术细则[190]中位移管理等级及位移速率判断标准进行设定），对其围岩变形合理与否进行评定。

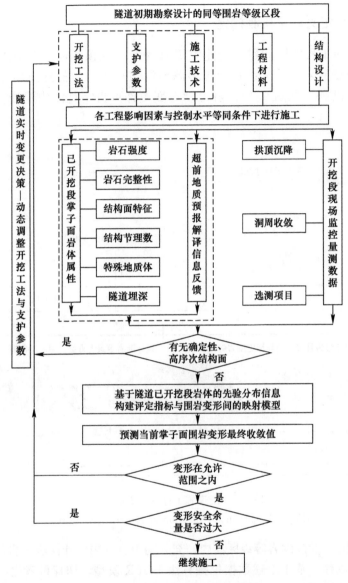

图 6.2 隧道动态变更许可机制流程图

Fig. 6.2 Flow chart of tunnel dynamic change permit mechanism

(2) 基于当前掌子面揭露岩体信息对现场围岩质量进行评定，同步确定其围岩亚级分级；并针对当前里程段的超前地质预报信息进行去噪、滤波等系列数据处理，获取相应区间的弹性波速均值，以及该区间段解译信息（如弹性模量、泊松比等）的相对变化趋势，对其地层结构、岩体破碎程度、有无断层破碎带或地下水等进行基本判定。

(3) 针对掌子面发育有断层、软弱破碎带等确定性、高序次结构面或特殊地质体的围岩，综合其发育程度及规模，综合考虑支护参数或支护方案的动态修正；针对一般基体结构面发育的岩体，以预测收敛变形值为先导判据，围岩亚级分级评定及超前地质预报解译信息为验证依据，实现围岩稳定性状况的交互式耦合分析，对其稳定与否直接进行决策。

(4) 若围岩评定为不稳定，则决策结果为建议变更，将结果即时反馈于施工单位、监理单位，并上报变更需求。结合现场实际工况，通过专家论证以及设计单位、业主审批，及时对开挖工法、支护参数或施工工序等进行变更（充分考虑隧道工程造价及现场施工进度，可优先考虑进行支护方案优化），并加强该变更段的监控量测，实时掌握变更后围岩的变形状况（期间无需减缓施工进度）。

(5) 若围岩评定为稳定，则对其预测相对收敛值与允许洞周水平相对收敛值进行比对分析，若安全余量较大（可参考施工技术细则[190]中位移管理等级及位移速率判断标准），即变形收敛值远未达到极限位移值，说明在目前隧道开挖工法下，支护方案相对保守。综合围岩亚级评定结果与超前地质预报信息解译，将其同步反馈于相关单位，结合现场实际情况，通过专家论证及审批，以对隧道的支护参数、施工工序乃至开挖工法进行相应的调整；若所预测安全余量相对较小，则说明目前的开挖工法、支护参数乃至施工技术与管理水平可满足该隧道围岩稳定性要求，设计、施工方案均安全、经济、合理，无需变更，可继续施工。

6.3.3 工程应用

1. 工程案例

以济南绕城高速老虎山隧道 ZK3+740～340 段为例，该段设计围岩等级为 Ⅳ 级，设计开挖工法为单侧壁导坑法。为保证所得数据的鲁棒性，每爆破一个循环进行一次围岩判定与评定指标统计，所得样本中评定指标均为相应区间段的平均值。其中，岩石强度通过现场点荷载试验获取，岩体体积节理数采用直接量测法获取；结构面自身发育特征取最脆弱结构面的粗糙度系数 J_r 与蚀变度 J_a 之比进行表征。由于优势节理组均为近水平层状发育，岩体结构各向异性显著，最初钻孔所得 RQD 值均大于 60%，无法真实反映其岩体质量及完整程度，为此，考虑本工程实际地层情况，基于陈昌彦等[191,192]的研究，以节理间距 d 代替 RQD 值。现场量测位移为侧壁导坑的最终洞周收敛值，依据规范要求每 10m 设一监测断面[107]（期间因施工扰动致使个别监测点无法持续观测或缺失，则通过回归分析或相邻断面监测数据内插得出），ZK3+740～340 段共采集 37 组样本数据（见表 6.2）。

GPR 模型样本空间 表6.2
Sample space of GPR model Tab. 6.2

序号	隧道里程	设计等级	揭露等级	岩石强度 R_c (MPa)	体积节理数 J_v	结构面自身特征 J_c	BQ值	结构面间距 d (m)	隧道埋深 h (m)	变形收敛值 (mm)	响应位移 (mm)
1	ZK3+740	IV₃	IV₃	55.79	27	0.50	279	0.20	20.3	10.2	—
2	ZK3+730	IV₃	IV₂	52.42	25	0.55	285	0.23	20.5	9.6	—
3	ZK3+720	IV₃	IV₂	51.90	22	0.65	300	0.25	20.8	8.5	—
4	ZK3+710	IV₃	IV₂	52.64	24	0.60	295	0.23	20.7	9.1	—
5	ZK3+700	IV₃	IV₂	55.41	24	0.65	304	0.22	19.7	6.6	—
6	ZK3+690	IV₃	IV₂	50.86	22	0.65	298	0.25	21.4	7.8	—
7	ZK3+680	IV₃	IV₂	51.31	20	0.65	307	0.28	23.5	7.3	—
8	ZK3+670	IV₂	IV₂	54.15	24	0.60	300	0.22	21.2	8.9	—
9	ZK3+660	IV₂	IV₂	52.76	22	0.60	298	0.24	18.7	9.3	—
10	ZK3+650	IV₂	IV₃	51.77	24	0.45	283	0.23	19.5	13.4	10.8
11	ZK3+640	IV₂	IV₃	47.56	25	0.30	273	0.21	20.6	16.7	15.4
12	ZK3+630	IV₂	IV₃	46.31	27	0.25	265	0.18	21.7	14.3	19.7
13	ZK3+620	IV₂	IV₂	50.86	19	0.30	304	0.31	22.4	6.8	11.3
14	ZK3+610	IV₂	IV₂	51.43	18	0.55	311	0.30	24.3	10.1	8.8
15	ZK3+600	IV₂	IV₁	48.32	14	0.70	322	0.33	26.3	6.8	7.9
16	ZK3+590	IV₂	IV₁	49.54	14	0.70	327	0.34	27.2	5.5	7.1
17	ZK3+580	IV₂	IV₁	52.28	16	0.65	316	0.31	28.5	7.1	8.4
18	ZK3+570	IV₂	IV₁	56.17	18	0.65	325	0.33	30.8	5.3	6.2
19	ZK3+560	IV₂	IV₁	55.34	17	0.70	326	0.31	31.2	4.1	5.6
20	ZK3+550	IV₂	IV₁	57.22	19	0.65	316	0.30	32.7	6.1	7.7
21	ZK3+540	IV₂	IV₁	59.36	22	0.80	306	0.26	33.8	3.8	4.7
22	ZK3+530	IV₂	IV₁	56.81	16	0.75	332	0.30	35.1	4.2	5.2
23	ZK3+520	IV₂	IV₁	55.48	17	0.75	324	0.29	36.3	6.2	6.8
24	ZK3+510	IV₂	IV₁	57.15	18	0.80	329	0.29	35.9	5.9	6.2
25	ZK3+500	IV₂	IV₁	58.65	18	0.85	333	0.31	35.2	5.2	5.9
26	ZK3+490	IV₂	IV₁	57.66	16	0.85	340	0.31	36.6	4.1	4.8
27	ZK3+480	IV₂	IV₁	52.56	15	0.80	336	0.33	37.4	5.7	5.2
28	ZK3+470	IV₂	IV₁	55.97	14	0.85	345	0.35	38.8	2.6	3.6
29	ZK3+460	IV₂	IV₁	54.75	16	0.85	341	0.32	40.4	4.4	4.2
30	ZK3+450	IV₂	IV₁	58.06	14	0.90	352	0.37	42.1	3.6	3.4
31	ZK3+440	IV₂	III₂	63.95	14	0.90	359	0.38	43.8	9.4	—
32	ZK3+430	IV₂	III₂	63.05	13	1.00	361	0.42	45.3	8.5	—
33	ZK3+420	IV₂	III₂	64.28	11	1.00	365	0.47	47.2	7.2	—
34	ZK3+400	IV₂	III₂	63.32	9	0.85	379	0.52	49.3	8.3	—
35	ZK3+380	IV₂	III₂	62.63	10	1.15	375	0.42	51.6	5.6	—
36	ZK3+360	IV₂	III₂	64.09	9	0.95	384	0.51	53.5	7.4	—
37	ZK3+340	IV₁	III₂	63.35	8	1.30	387	0.56	55.8	4.5	—

2. 计算结果分析

由于模型构建之初，需要一定的样本集进行映射训练，因此在隧道施工的初始阶段，采集已开挖岩体的先验分布信息，本模型预测由 ZK3+650 开始，同步进行样本空间的滚动式更新，预测结果如图 6.3 所示（与当前掌子面紧邻断面的监测数据因尚未稳定，故不予采用；由于 ZK3+640～610 段的支护参数进行了动态调整，因此在后续预测过程中，已剔除该区间样本）。

由图 6.3 可知，与实测变形收敛值相比，GPR 模型所得围岩变形误差多数在 25% 以内，可基本反映围岩变形在空间维上的变化趋势。其中 ZK3+635～620 段预测误差较大，究其原因是该段围岩开挖揭露有连续的软弱破碎带，施工中进行了支护参数的调整，量测位移是优化支护后所得，因此，相较于预测值有较大出入。同时，因量测过程中动态施工及人为扰动的影响，样本空间中难免存在噪音点，样本数据整体可靠性降低，致使模型预测精度偏低。整体来看，随着隧道开挖过程中样本集的不断扩大与更新，预测变形误差有降低趋势，所构建 GPR 训练模型渐趋稳定，预测变形值及其变化趋势可基本反映工程的实际情况。

需要注意的是，当岩体的地质构造、地层年代等受地质历史过程作用发生较大变化时，在样本采集过程中，应尽量选取同一效应水平下的样本数据，或直接将其作为评定指标考虑在内。

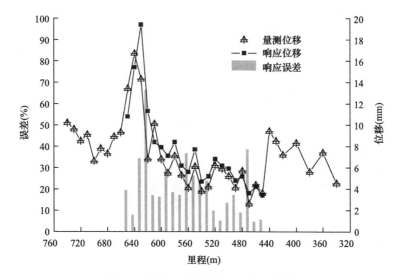

图 6.3　围岩变形预测值及其预测误差

Fig. 6.3　Predicted deformation of surrounding rock and corresponding errors

3. 动态变更应用

在 ZK3+646～636 左右三个爆破循环内，掌子面揭露岩体节理、裂隙发育，岩体较破碎，掌子面拱肩区域发育有数条软弱破碎带，充填有黄色蚀变物，层间结合差；受其影响，掌子面局部岩体呈块状、破碎状结构，强度较低，完整性差（见图 6.4）。鉴于其发育规模适中，初步考虑进行支护方案优化，后经 GPR 预测模型所得响应位移变化幅值较大，且 $U>2U_0/3^{[190]}$，呈突跳状，视为围岩失稳的启动判据；现场掌子面围岩等级评定结果为 $Ⅳ_3$（ZK3+650～636 段［BQ］值均小于 285）。施工方考虑进行施工工序变更，但由于老虎山隧道为超大断面隧道，变更工序繁琐且严重影响施工进度，依据上述围岩变更决策机制，同步进行了相应的超前地质预报（隧道地震波反射层析成像技术—TRT）信息解译（三维成像见图 6.5）。由图 6.5 可知，ZK3+655～625 附近结构面发育，岩体破碎，疑有断层破碎带或软弱夹层发育；在其后里程段中，岩体结构相对较完整，无明显断层、软弱破碎带等。因此，经设计单位及业主审批，暂定以 ZK3+638～623 共 15m 为试验段，开挖方式与施工工序不变，初喷混凝土厚度

图 6.4 掌子面发育的软弱破碎带
Fig. 6.4 Weak fractured zone developed in tunnel face

28cm 不变，钢拱架纵向间距由原设计 80cm 调整为 60cm，并加强了该段围岩的监控量测。后续开挖过程中通过揭露围岩信息进行变更试验区段的动态调整。

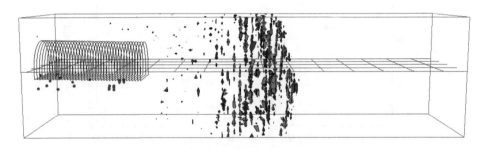

图 6.5 超前地质预报三维成像图（TRT）
Fig. 6.5 3D image of tunnel geological prospecting (TRT)

实际施工过程中，随着预测收敛位移值的降低与现场揭露围岩质量状况持续转好，经相关单位论证，施工方于 ZK3+620 左右将支护类型变更为Ⅳ级一般。支护参数维持原设计方案。后续监控量测显示：变更后位移收敛值在规范允许范围之内。随着隧道开挖过程中预测位移的持续降低（经计算 ZK3+460～450 段

内响应变形值 $U_{pre} \in$ [3.4mm，4.2mm]$<U_{0min}/3=5.0$mm[190]），变形收敛值的安全余量不断增大，表明目前支护方案远可满足围岩稳定性要求，结合现场围岩质量状况与超强地质预报解译数据，依据上述围岩变更许可机制，考虑进行相应的开挖工法与支护方案变更。最终，经设计单位及业主的论证、审批，施工方于ZK3+445～435 段进行了工法转换（由 CD 法变更为上下台阶法），并调整了相应的支护参数。后续监控量测数据显示：变更后围岩变形收敛值完全满足规范要求。

6.3.4 区段围岩可靠性评估

在同一设计围岩等级区段内，由于已获取了开挖段岩体的各评定指标值与变形收敛值，则基于其先验分布信息，通过数理统计可获取各评定指标及量测位移的概率分布模型。如果在该设计围岩等级区段内，初期勘探设计结果基本合理、有效，即岩体质量在隧道开挖方向上无较大变化，围岩类别处于同一等级区间，则可认为基于已开挖段围岩先验分布信息所得各评定指标的概率分布模型同样适用于未开挖段围岩的指标信息，即整个设计围岩等级区段内，围岩变形的各评定指标与变形量的概率分布函数已知[193]。上述已通过 GPR 模型构建了相应的隐式功能函数[136,137,194]，那么通过 Monte Carlo 模拟生成服从确定概率分布函数的大量随机数（$n=10^6$），则基于大数定律，由 GPR-MCS 法可求得该设计围岩等级区段内围岩的整体变形失效概率（受篇幅所限，具体计算方法可参考张明[123]的研究），进而实现对该区段围岩可靠性及设计方案的总体评估。

以规范[107]中表 9.2.8 给定允许洞周水平相对收敛值为围岩可靠性评定标准，结合老虎山隧道实际情况，拟取$[\delta]/D \leqslant 0.20\%$，则$[\delta] \approx 16$mm，即功能函数需满足：

$$y = g(x_1, x_2, \cdots, x_n) - [\delta] \geqslant 0 \tag{6.3}$$

则此时隧道围岩的整体变形失效概率 $P_{[\delta]}^{f}$ 为

$$P_{[\delta]}^{f} = 1 - P_{[\delta]}^{s} = P(y_{[\delta]} < 0) \tag{6.4}$$

由于上述样本空间数据有限，尚无法得出完全符合工程实际的评定指标概率分布函数。为简化计算，基于对既有样本空间的频数统计，引用区间数理论[117,134]，仅确定 x_i 的最大值 $x_{i\max}$ 与最小值 $x_{i\min}$，令 $x_{i\max} = \mu + 3\sigma$，$x_{i\min} = \mu - 3\sigma$[134]，并假定各评定指标 x_i 服从正态分布，由此获取各指标的大致概率分布函数。通过 Monte Carlo 模拟生成服从相应概率分布函数的大量随机数（$n=10^6$），以此作为输入样本集[123]，经 GPR 模型所构建隐式功能函数[136,137]，获取区间段（ZK3+740～450）的整体围岩变形分布，变形分布的二维显示如图 6.6 所示。

由式 6.4 计算所得隧道 ZK3+740～450 段围岩的变形失效概率 $P_{[\delta]}^{f} = 0.232\%$，可基本断定该设计围岩等级区间段内围岩变形的总体失效概率在合理、可控范围之内，该隧道段施工工序、支护参数等基本合理。

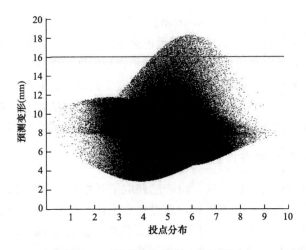

图 6.6 预测变形分布二维显示图

Fig. 6.6 2D distribution graph of predicted deformation

6.4 本章小结

本章基于数据挖掘理念，充分利用隧道已开挖段揭露围岩的先验分布信息，由高斯过程回归构建了同一设计围岩等级区段下岩体自然属性与变形间的映射模型，实现了对当前掌子面围岩变形收敛值的响应预测及围岩稳定性状况的实时评定；并以此作为隧道施工工法变更与否的先导判据，综合超前地质预报解译信息与现场围岩分类结果，构建了隧道变更的动态评估决策与施工许可机制。基本结论如下：

（1）就某具体隧道而言，在同一设计围岩等级区段内，岩体自然属性与变形间存在一定的映射关系，且可通过数据挖掘算法进行相应的关联分析。虽然预测位移存在较大误差，但其变化趋势基本可反映工程实际，可快速、合理指导现场施工。

（2）隧道开挖工法与支护方案的变更需结合量测位移、现场揭露围岩质量状况及超前地质预报信息进行综合评定，而本章通过 GPR 构建的位移预测模型，则为快速变更决策提供了定量化依据，可减少因变更而延误工期的情况发生。

（3）评定指标的选取是在考虑工程实际可行性及普适性的基础上，针对一般隧道情况进行遴选的。就某隧道而言，可依据其具体特点对评定指标进行相应替换与修正；在选取过程中，可先进行敏感性分析，进而遴选出更有针对性的评定指标，以减少后续数据采集工作。

（4）文中 GPR 模型预测位移误差较大，除了样本空间自身问题，工程的动态施工也是重要原因之一，虽然开挖工法与支护参数、断面形状及尺寸等在同一影响效应水平下，但模型未考虑开挖进尺、爆破控制、人为扰动等现实问题，也未考虑岩体的地质历史过程，这是无可避免的，也是后续需要进一步优化的。

（5）本章是以围岩变形的累积值作为其稳定性的评定标准的，鉴于隧道快速施工过程中围岩变形很难完全趋于收敛，后续可考虑将围岩的变形速率或其导数作为其稳定性判据，进而与各影响因素间建立响应模型。

（6）随着我国隧道建设规模和数量与日俱增，积累了大量施工经验及量测数据，如何合理地利用这些海量数据，基于大数据理念构建针对不同区域的岩体自然属性、工程因素与监测信息间的关联模型，是值得探索的。

第 7 章 结语展望

　　本书以裂隙岩体隧道围岩为研究对象，从裂隙岩体工程本身不确定性及岩体结构信息展布随机性的角度出发，综合图形学、不确定性理论、非连续变形分析、数据挖掘与系统控制等交叉学科，分别从裂隙岩体结构信息获取与多元解译、岩体质量不确定性分析与围岩等级鲁棒评定、考虑随机节理仿真模拟的围岩非连续变形分析、局部关键块体可靠性分析与支护优化、隧道围岩变形响应预测及动态变更许可机制 5 方面，全面地对裂隙岩体中隧道围岩的稳定可靠性进行了系统分析与稳健评估，取得了一些有益的结论，但在研究期间亦发现一些需深入研究之处如下：

　　（1）现有的图像处理与特征提取算法完全可以满足大多数对象的需求，但裂隙岩体结构本身作为一种比较随机、模糊的信息，其不确定性程度很大，致使仅依靠形态学运算进行自动处理，无法实现岩体结构的精细、快速获取。因此，同样需要综合诸如虚拟现实技术、三维激光扫描技术以及数据挖掘、模式识别等计算机方法，进而可从获取、处理、认知等方面进行多源异构融合。而如何利用这些技术，或者说怎样将其合理、恰当地耦合到一块来实现上述目标，是后续我们需要继续研究的。

　　（2）目前岩土工程问题的数值模拟或仿真之"瓶颈"不在于精细的参数获取，或是更为完备的本构模型，上述两者固然非常重要，也具有相当的研究价值。但倘若没有一个好的数学模型，即便其他方面考虑的再详细，也无法避免由模型本身不契合带来的计算差异，这也是岩土工程在可靠度分析、数值计算精度、响应面构建等方面滞后于结构工程的原因之一。在此，本书仅是对非连续变形分析某一软件进行了节理仿真模型构建，但如何将获取的实时确定性信息动态地嵌入到各种岩土工程的三维模型中再进行数值模拟或仿真运算，是需要进一步开展的工作。

　　（3）在隧道围岩变形响应预测方面，本书将约束条件定义为同一设计围岩等级区间段，以此将开挖、支护等对同一区段围岩的影响效应水平视为等同。其实，隧道围岩结构稳定性评价是一个复杂的系统工程，应同时考虑围岩、初支、衬砌结构与外荷载、施工工序等等的共同作用，并将其作为一个体系，充分利用、分析其自系统蕴含的信息来进行自我调节与评价。但这就不仅仅是数据挖掘就能解决的问题了。随着我国隧道建设规模和数量与日俱增，积累了大量施工经验及量测数据，如何合理地利用这些海量数据，基于大数据理念构建针对不同区域的岩体自然属性、工程因素与监测信息间的关联模型，是值得探索的。

参 考 文 献

[1] Ross-Brown D. M., Atkinson K. B. Terrestrial Photogrammetry in Open-pits: 1-Description and Use of the Phototheodolite in Mine Surveying [J]. Inst. Mining& meteallurgy, 1972, 81 (1): 7-11.

[2] Reid T. R., Harrison J. P. A semi-automated methodology for discontinuity trace detection in digital images of rock mass exposures [J]. International Journal of Rock Mechanics&Mining Sciences, 2000, (37): 1073-1089.

[3] 范留明, 李宁. 基于数码摄影技术的岩体裂隙测量方法初探 [J]. 岩石力学与工程学报, 2005, 24 (5): 792-797.

[4] 周春霖, 朱合华, 李晓军. 新奥法施工隧道掌子面红外照相及图像处理 [J]. 岩石力学与工程学报, 2008, (S1): 3166-3172.

[5] 赵峰. 基于数字图像处理技术的岩体裂隙信息快速采集处理研究 [D]. 哈尔滨: 哈尔滨工业大学, 2011.

[6] 冷彪. 基于数码成像的隧道掌子面地质信息系统研究 [D]. 成都: 西南交通大学, 2009.

[7] 王凤艳, 陈剑平, 杨国东, 孙丰月, 姜琦刚. 基于数字近景摄影测量的岩体结构面几何信息解算模型 [J]. 吉林大学学报 (地球科学版), 2012, 42 (06): 1839-1846.

[8] 郑健. 岩体结构面几何参数获取的数字化方法及三维网络模型研究 [D]. 南京: 南京理工大学, 2016.

[9] 贾洪彪, 马淑芝, 唐辉明, 刘佑荣. 岩体结构面网络三维模拟的工程应用研究 [J]. 岩石力学与工程学报, 2002, (07): 976-979.

[10] Merrien-Soukatchoff V., Korini T., Thoraval A. Use of an integrated discrete fracture network code for stochastic stability analyses of fractured rock masses [J]. Rock mechanics and rock engineering, 2012, 45 (2): 159-181.

[11] 吴顺川, 周喻, 高永涛, MISRA A., 等效岩体随机节理三维网络模型构建方法研究 [J]. 岩石力学与工程学报, 2012, 31 (S1): 3082-3090.

[12] 冯艳峰, 杨天鸿, 于庆磊, 张哲. 节理岩体宏观力学参数尺寸效应的数值试验 [J]. 东北大学学报 (自然科学版), 2013, 34 (07): 1027-1030.

[13] 郭亮, 李晓昭, 周扬一, 李煜, 纪成亮. 随机与确定耦合的裂隙岩体结构面三维网络模拟 [J]. 岩土力学, 2016, 37 (09): 2636-2644+2653.

[14] 王述红, 张紫杉, 王存根, 张峰春. 岩体结构面产状随机分布空间表征 [J]. 东北大学学报 (自然科学版), 2017, 38 (01): 121-125.

[15] Deere D. U., Miller R. P. Engineering classification and index properties for intact rocks. Technical Report No. AFNL-TR-65-116, Air Force Weapons Laboratory, New Mexico, 1966.

[16] Deere D. U. Technical description of rock cores for engineering purposes. Rock Mech. & Engng. Geol., 1964, 1: 17-22.

[17] Barton N., Lien R., Lunde J. Engineering classification of rock masses for the design of

[18] Barton N. Some new Q-value correlations to assist in site characterization and tunnel design. Int. J. Rock Mech. & Min. Sci. Geomech. Abstr., 2002, 39 (2): 185-216.

[19] 谷德振, 黄鼎成. 岩体结构的分类及其质量系数的确定 [J]. 水文地质工程地质, 1979, (02): 8-13.

[20] Palmstrom A. RMi-a rock mass characterization system for rock engineering purposes. Ph D thesis, University of Oslo, Norway, 1995.

[21] Bieniawski ZT (1973) Engineering classification of jointed rock masses. Trans. S. Afr. Inst. Civ. Eng 15 (12): 335-344.

[22] 王广德. 复杂条件下围岩分类研究 [D]. 成都: 成都理工大学, 2006.

[23] 陈详. 黄岛地下水封石油洞库岩体质量评价及围岩稳定性分析 [D]. 武汉: 中国地质大学, 2007.

[24] 宫凤强, 李夕兵. 距离判别分析法在岩体质量等级分类中的应用 [J]. 岩石力学与工程学报, 2007, (01): 190-194.

[25] 宫凤强, 李夕兵, 张伟. 隧道围岩分级的距离判别分析模型及应用 [J]. 铁道学报, 2008, (03): 119-123.

[26] 王吉亮. 基于人工智能与三维数值模拟的乌竹岭隧道围岩稳定性系统研究 [D]. 吉林大学, 2009.

[27] 闫长斌, 路新景. 基于改进的距离判别分析法的南水北调西线工程 TBM 施工围岩分级 [J]. 岩石力学与工程学报, 2012, 31 (07): 1446-1451.

[28] 范加冬, 韩立军. 基于岭回归-马氏距离的隧道围岩分类预测方法的研究 [J]. 武汉理工大学学报（交通科学与工程版), 2014, 38 (01): 199-203.

[29] 徐光黎. 灰色聚类在工程岩体质量评价中的应用 [J]. 工程勘察, 1987, (06): 12-14.

[30] 李长洪. 岩体分类的灰色聚类理论及应用 [J]. 冶金矿山设计与建设, 1995, (02): 20-25.

[31] 冯玉国. 灰色优化理论模型在地下工程围岩稳定性分类中的应用 [J]. 岩土工程学报, 1996, (03): 62-66.

[32] 李俊宏, 何淑媛, 袁文秀. 地下围岩稳定分级的灰色关联优化模型 [J]. 水利水电科技进展, 2007, (06): 21-23.

[33] 周述达, 裴启涛, 丁秀丽. 改进分类区分度及权重的岩体质量评价灰评估模型及应用 [J]. 岩石力学与工程学报, 2016, 35 (S2): 3671-3679.

[34] 陶振宇, 彭祖赠. 模糊数学在岩石工程分类中的应用 [J]. 岩土工程学报, 1981, (01): 36-45.

[35] 陆兆溱, 王京, 吕亚平. 模糊模式识别法在围岩稳定性分类上的应用 [J]. 河海大学学报, 1991, (06): 97-101.

[36] 陈守煜. 模糊最优归类理论模型及其在围岩稳定性分类与场地土类别评定中的应用 [J]. 水利学报, 1993, (12): 26-36.

[37] 白明洲, 王家鼎. 地下洞室中裂隙岩体围岩稳定性研究的模糊信息优化处理方法 [J]. 成都理工学院学报, 1999, (03): 84-87.

[38] 曹文贵，张永杰. 地下结构岩体质量分类的变权重二级模糊综合评判方法研究 [J]. 岩石力学与工程学报，2006，(08)：1612-1618.

[39] 胡宝清. 可拓评判方法在围岩稳定性分类中的应用 [J]. 水利学报，2000，(02)：66-70.

[40] 王彦武. 地下采矿工程岩体质量可拓模糊评价方法 [J]. 岩石力学与工程学报，2002，(01)：18-22.

[41] 连建发，慎乃齐，张杰坤. 基于可拓方法的地下工程围岩评价研究 [J]. 岩石力学与工程学报，2004，(09)：1450-1453.

[42] 原国红，陈剑平，马琳. 可拓评判方法在岩体质量分类中的应用 [J]. 岩石力学与工程学报，2005，(09)：1539-1544.

[43] 左昌群，陈建平. 基于可拓学理论的围岩分级方法在变质软岩隧道中的应用 [J]. 地质科技情报，2007，(03)：75-78.

[44] 张清，田盛丰，莫元彬. 铁路隧道围岩分类的专家系统 [J]. 铁道学报，1989，(04)：66-71.

[45] 莫元彬，张清. 围岩分类专家系统中的不确定性推理处理方法 [J]. 土木工程学报，1989，(02)：65-77.

[46] 韩凤山，杨菊英. 煤矿巷道锚杆支护围岩分类的模糊模式识别 [J]. 中国煤炭，2009，35（10）：53-55.

[47] 孙建国，李天斌，黄润秋，王芳其. 地下工程围岩分类模糊推理系统设计 [J]. 工程地质学报，2003，(03)：269-274.

[48] 杨小永，伍法权，苏生瑞. 公路隧道围岩模糊信息分类的专家系统 [J]. 岩石力学与工程学报，2006，(01)：100-105.

[49] 冯夏庭，王丽娜. 利用神经网络学习的岩体分级 [J]. 东北工学院学报，1993，(03)：226-230.

[50] 王明年，关宝树. 神经网络在地下工程中的应用 [J]. 地下空间，1995，(02)：94-101.

[51] 赖永标，乔春生，刘开云，朱正国. 支持向量机在围岩稳定性分类中的应用 [J]. 水利学报，2006，(09)：1092-1096.

[52] 赵洪波. 非线性岩土力学行为的支持向量机研究 [D]. 武汉：中国科学院岩土力学，2007.

[53] 肖云华，王清，陈剑平，张鹏，阙金声. 基于粗糙集和支持向量机的融合算法在岩体质量评价中的应用 [J]. 煤田地质与勘探，2008，36（06）：49-53.

[54] Shi GH. Discontinuous deformation analysis: a new numerical model for the statics and dynamics of block system [D]. Berkeley: University of California, 1988.

[55] Shi GH. Applications of discontinuous deformation analysis and manifold method. In: 3rd Int. Conf. on DDA. Colorado, USA, 1999, pp: 3-15.

[56] 关宝树. 铁路隧道围岩压力的统计分析 [J]. 铁道标准设计通讯，1979，(06)：15-18.

[57] 景诗庭. 对开展"地下结构可靠性设计"研究之浅见 [J]. 地下空间，1988，(01)：48-51.

[58] 张清，奚毓塈. 隧道可靠性分析初探 [J]. 铁道标准设计通讯，1990，(11)：19-20.

[59] 杨成永，张弥. 铁路明洞结构的可靠性设计方法 [J]. 岩石力学与工程学报，1999，(01)：41-46.

[60] 李翔. 隧道工程稳定可靠度计算分析方法研究 [D]. 长沙：湖南大学，2012.

[61] 徐军，张利民，郑颖人. 基于数值模拟和BP网络的可靠度计算方法 [J]. 岩石力学与工程学报，2003，(03)：395-399.

[62] 赵洪波，茹忠亮，张士科. SVM在地下工程可靠性分析中的应用 [J]. 岩土力学，2009，30（02）：526-530.

[63] 苏永华，罗正东，伍文国. 隧道围岩变形破坏概率的SVM分析方法 [J]. 应用力学学报，2010，27（04）：804-808.

[64] 李典庆，蒋水华，周创兵. 基于非侵入式随机有限元法的地下洞室可靠度分析 [J]. 岩土工程学报，2012，34（01）：123-129.

[65] 苏国韶，郝俊猛. 复杂工程结构非概率可靠度分析的高斯过程动态响应面法 [J]. 应用基础与工程科学学报，2015，23（04）：750-762.

[66] 苏永华，何满潮，曹文贵. 岩体地下结构围岩稳定非概率可靠性的凸集合模型分析方法 [J]. 岩石力学与工程学报，2005，(03)：377-383.

[67] 张永杰. 基于不确定性理论的隧道围岩稳定性及风险分析研究 [D]. 长沙：湖南大学，2010.

[68] 董陇军，李夕兵. 地下硐室节理岩体区间非概率可靠性分析方法及应用 [J]. 岩土工程学报，2011，33（07）：1007-1013.

[69] Mauldon M. Key block probabilities and size distributions-a first model for impersistent 2-d fractures. International Journal of Rock Mechanics and Mining Sciences and Geomechanics Abstract，1995，32（6）：575-583.

[70] Kuszmaul J. S. Estimating key block sizes in underground excavations：accounting for joint set spacing. International Journal of Rock Mechanics and Mining Sciences，1999，36（2）：217-232.

[71] Tonon F. Reliability analysis of rock mass response by means of random set theory. Reliability Engineering and System Safety，2000，70（3）：263-282.

[72] Starzec P.，Andersson J. Application of two-level factorial design to sensitivity Analysis of key block statistics from fracture geometry. International Journal of Rock Mechanics and Mining Sciences，2002，39（2）：243-255.

[73] Mehdi B.，Håkan S. Investigation of model uncertainty for block stability analysis. International Journal for Numerical and Analytical Methods in Geomechanics，2011，35（05）：824-836.

[74] 王英学. 考虑节理分布的随机性和尺度影响的块状岩体稳定性分析 [D]. 成都：铁道部科学研究院，1999.

[75] 王渭明，仇圣华，秦文露，李先炜. 裂隙岩体巷道中的"危石"预测模型 [J]. 岩石力学与工程学报，2000，(02)：215-218.

[76] 张奇华. 块体理论的应用基础研究与软件开发 [D]. 武汉：武汉大学，2004.

[77] 孙树林，朱杰. 节理化岩质边坡的关键块体可靠度分析 [J]. 岩石力学与工程学报，2007，26（1）：131-136.

[78] 申艳军，徐光黎，朱可俊. 基于系统评价的块体可靠度指标分析及应用 [J]. 岩土力

学，2011，32（01）：224-229.

[79] 张瑞新，李泽荃，赵红泽，杨罂，白玉奇. 节理岩体关键块体稳定的概率分析 [J]. 岩土力学，2014，35（05）：1399-1405.

[80] 王存根，王述红，穆橄江，昝世明. 基于不稳定块体失效概率的开挖面稳定性分析 [J]. 东北大学学报（自然科学版），2016，37（04）：568-571.

[81] 冯夏庭，林韵梅. 岩石力学与工程专家系统研究新进展 [J]. 岩石力学与工程学报，1995，（01）：85-91.

[82] 于学馥，于加，徐骏. 岩石力学新概念与开挖结构优化设计 [M]. 北京：科学出版社，1995.

[83] 朱维申，何满潮. 复杂条件下围岩稳定性与岩体动态施工力学 [M]. 北京：科学出版社，1995.

[84] 冯夏庭，王泳嘉，林韵梅. 地下工程力学综合集成智能分析的理论和方法 [J]. 岩土工程学报，1997，（01）：32-38.

[85] 徐卫亚，谢守益，蒋晗，徐瑞春，李会忠，邵建富. 清江水布垭水电站地下厂房岩体质量评价及反馈设计研究 [J]. 工程地质学报，2000，（02）：191-196.

[86] 冯夏庭，马平波. 基于数据挖掘的地下硐室围岩稳定性判别 [J]. 岩石力学与工程学报，2001，（03）：306-309.

[87] 李世辉，吴向阳，尚彦军. 地下工程半经验半理论设计方法的理论基础—围岩-支护系统是一种开放的复杂巨系统 [J]. 岩石力学与工程学报，2002，（03）：299-304.

[88] 朱合华，姜勇，夏才初，杨林德，崔茂玉. 复杂地质条件下隧道信息化施工综合技术研究 [J]. 岩石力学与工程学报，2002，（S2）：2548-2553.

[89] 孙钧. 岩土力学与地下工程结构分析计算的若干进展 [J]. 力学季刊，2005，（03）：329-338.

[90] 冯夏庭，周辉，李邵军，陈炳瑞. 岩石力学与工程综合集成智能反馈分析方法及应用 [J]. 岩石力学与工程学报，2007，（09）：1737-1744.

[91] Sotirios S. V., Marte S. G., Nick R. B. Back analysis of Shimizu Tunnel No. 3 by distinct element modeling. Tunnelling and Underground Space Technology, 2007, 22 (3): 401-413.

[92] 李仲奎，周钟，徐千军，廖成刚，尹宏磊，张志增，程丽娟，刘中港，郭凯. 锦屏一级水电站地下厂房时空智能反馈分析的实现与应用 [J]. 水力发电学报，2010，29 (03)：177-183.

[93] 姜谙男，赵慧，姜帅. 基于DE-SVM三维隧道智能反馈分析研究 [J]. 地下空间与工程学报，2013，9（04）：765-770.

[94] 张延欢. 隧道掌子面围岩结构数字化获取与信息表征方法及工程应用 [D]. 济南：山东大学，2017.

[95] 高彦平. 图像增强方法的研究与实现 [D]. 青岛：山东科技大学，2005.

[96] Rafael G. G., Jeremie J., Jean-Michel M., Gregory R. LSD: a Line Segment Detector, Image Processing On Line, 2012, 2: 35-55.

[97] Mortensen E. N., Barrett W. A. Intelligent Scissors for Image Composition [C] //

Proceedings of the ACM SIGGRAPH 95, Los Angeles, CA, 1995, 8: 191-198.

[98] 吴朔媚, 韩明, 王敬涛. 基于多尺度多方向结构元素的形态学图像边缘检测算法 [J]. 量子电子学报, 2017, 34 (03): 278-285.

[99] 王建彬, 纪玉波, 李依令. 基于多结构元素的数学形态学图像边缘检测 [J]. 辽宁石油化工大学学报, 2006, (02): 79-82.

[100] 王树文, 闫成新, 张天序, 赵广州. 数学形态学在图像处理中的应用 [J]. 计算机工程与应用, 2004, (32): 89-92.

[101] Song J., Delp E. J. The analysis of morphological filters with multiple structuring elements [J]. Computer Vision Graphics and Image Processing, 1990, 50: 308-328.

[102] 李依令. 基于多尺度多结构元素的数学形态学边缘检测 [J]. 科学技术与工程, 2006, (10): 1417-1420.

[103] 黄国明, 黄润秋. 节理岩体分形描述 [J]. 中国煤田地质, 1998, 10 (3): 45-48.

[104] 马淑芝, 贾洪彪, 唐辉明, 刘佑荣. 利用"岩体裂隙率"评价工程岩体的质量 [J]. 水文地质工程地质, 2002, (01): 10-12+23.

[105] 汪小刚, 贾志欣, 张发明, 等. 岩体结构面网络模拟原理及其工程应用 [M]. 北京: 水利水电出版社, 2010.

[106] 中华人民共和国国家标准. GB 50218—94 工程岩体分级标准 [S]. 北京: 中国计划出版社, 1995.

[107] 中华人民共和国行业标准. JTG D70—2004 公路隧道设计规范 [S]. 北京: 人民交通出版社, 2004.

[108] 中华人民共和国国家标准. JTG/T D70—2010 公路隧道设计细则 [S]. 北京: 人民交通出版社, 2010.

[109] 中华人民共和国行业标准. TB 10003—2005 铁路隧道设计规范 [S]. 北京: 中国铁道出版社, 2005.

[110] 中华人民共和国国家标准. GB 50487—2008 水利水电工程地质勘查规范 [S]. 北京: 中国计划出版社, 2009.

[111] 邬爱清, 柳赋铮. 国标《工程岩体分级标准》的应用与进展 [J]. 岩石力学与工程学报, 2012, 31 (8): 1514-1522.

[112] 王明年, 刘大刚, 刘彪, 等. 公路隧道岩质围岩亚级分级方法研究 [J]. 岩土工程学报, 2009, 31 (10): 1591-1594.

[113] 刘大刚. 公路隧道施工阶段岩体围岩亚级分级研究 [D]. 成都: 西南交通大学, 2007.

[114] 肖云华. 双峰隧道围岩稳定性非线性系统研究 [D]. 长春: 吉林大学, 2009.

[115] 陈守煜, 韩晓军. 围岩稳定性评价的模糊可变集合工程方法 [J]. 岩石力学与工程学报, 2006, 25 (9): 1857-1861.

[116] 张鹏, 陈剑平, 肖云华, 等. 粗糙集—小波神经网络在隧道围岩分类中的应用 [J]. 地下空间与工程学报, 2011, 7 (3): 430-434.

[117] 张亦飞, 程传国, 张海丰, 等. 公路隧道围岩的区间数组合分类法 [J]. 岩土工程学报, 2008, 30 (12): 1916-1919.

[118] 申艳军, 徐光黎, 张亚飞, 朱可俊. 基于集对分析的可拓学方法在地下洞室围岩分类

中的应用 [J]. 地质科技情报, 2010, 29 (05): 125-130.

[119] 汪明武, 李丽, 金菊良. 围岩稳定性集对分析-可变模糊集综合评价模型 [J]. 岩土工程学报, 2008, 30 (6): 941-944.

[120] 冯夏庭. 智能岩石力学导论 [M]. 北京: 科学出版社, 2000.

[121] 李德毅, 杜鹢. 不确定性人工智能 [M]. 北京: 国防工业出版社, 2005.

[122] 景诗庭, 朱永全, 宋玉香. 隧道结构可靠度 [M]. 北京: 中国铁道出版社, 2002.

[123] 张明. 结构可靠度分析—方法与程序 [M]. 北京: 科学出版社, 2009.

[124] 王茹, 唐春安, 王述红. 岩石点荷载试验若干问题的研究 [J]. 东北大学学报 (自然科学版), 2008, 29 (1): 130-133.

[125] 郭曼丽. 试论岩石点荷载试验的适用性 [J]. 岩土力学, 2003, 24 (3): 488-494.

[126] 王维纲, 王明林. 点荷载试验的误差和相关分析 [J]. 岩石力学与工程学报, 1988, 7 (4): 309-319.

[127] Hassani F. P. Application of the point load index test to strength determination of rock and proposals for a new size-correction chart [C] //21st Symp. on Rock Mechanics. Missouri-Rolla: University of Missouri-Rolla, 1980.

[128] Franklin J. A., Pells P., Mclachlin D., et al. (向桂馥译). 国际岩石力学学会实验方法委员会测定点载荷强度的建议方法 [J]. 岩石力学与工程学报, 1986, 5 (1): 79-90.

[129] 张国锋, 刘志双, 陈显坤等. 点荷载法测试易风化泥质岩强度的可靠性分析 [J]. 岩土力学, 2014, 35, (S1): 293-297.

[130] Karzulovic A., Goodman R. E. Determination of priciple joint frequencies [J]. International journal of Rock Mechanics and Mining Sciences and Geomechanics Abstracts, 1985, 22 (6): 471-473.

[131] Kulatilake P., Wu TH. The density of discontinuity traces in sampling windows [C]. International Journal of Rock Mechanics and Mining Sciences and Geomechanics Abstracts. Pergamon, 1984, 21 (6): 345-347.

[132] Wu Q., Kulatilake PHSW., Tang HM. Comparison of rock discontinuity mean trace length and density estimation methods using discontinuity data from an outcrop in Wenchuan area, China [J]. Computers and Geotechnics, 2011, 38: 258-268.

[133] 于国新, 白明洲, 许兆义. 铁路隧道围岩分级的知识挖掘 [J]. 铁道学报, 2007, 29 (4): 126-130.

[134] 曹晋华. 可靠性数学引论 [M]. 北京: 高等教育出版社, 2006.

[135] 杨纶标, 高英仪. 模糊数学: 原理及应用 [M]. 广州: 华南理工大学出版社, 2003.

[136] Rasmussen C. E., Williams CKI. Gaussian processes for machine learning [M]. Massachusetts: MIT Press, 2006.

[137] Girolami M., Rogers S. Variational Bayesian multinomial probit regression with Gaussian process priors [J]. Neural Computation, 2006, 18 (18): 1790-1817.

[138] 焦玉勇, 张秀丽, 刘泉声, 等. 用非连续变形分析方法模拟岩石裂纹扩展 [J]. 岩石力学与工程学报, 2007, 26 (4): 682-691.

[139] 焦玉勇, 张秀丽, 李廷春. 模拟节理岩土破坏全过程的DDARF方法 [M]. 北京: 科

学出版社，2010.

[140] 张秀丽. 断续节理岩体破坏过程的数值分析方法研究 [D]. 武汉：中国科学院武汉岩土力学研究所，2007.

[141] 张秀丽，焦玉勇，刘泉声，陈卫忠. 用改进的 DDA 方法模拟公路隧道的稳定性 [J]. 岩土力学，2007，28 (8)：1710-1714.

[142] Li SC., Chen YJ., et al. Rock failure and its jointed surrounding rocks: A multi-scale grid meshing method for DDARF [J]. Tunnelling and Underground Space Technology，2014，43：370-376.

[143] 陈云娟，李术才，朱维申，张磊，柳刚. DDARF 网络模拟新方法及其在公路隧道中的应用 [J]. 中南大学学报（自然科学版），2013，44 (06)：2494-2499.

[144] 陈云娟. 基于 DDARF 改进方法的节理岩体稳定性分析及控制 [D]. 济南：山东大学，2015.

[145] 王文，朱维申，马海萍，张磊. 不同倾角节理和锚固效应对岩体特性的影响 [J]. 岩土力学，2013，34 (3)：888-893.

[146] Tan F., Jiao YY. The combination of the boundary element method and the numerical manifold method for potential problems. Engineering Analysis with Boundary Elements，2017，74：19-23.

[147] He P., Li SC., Li LP., et al. Discontinuous deformation analysis of super section tunnel surrounding rock stability based on joint distribution simulation. Computers and Geotechnics，2017，91：218-229.

[148] Fekete S., Diederichs M. Integration of three-dimensional laser scanning with discontinuum modeling for stability analysis of tunnels in blocky rock masses [J]. International Journal of Rock Mechanics and Mining Sciences，2012，57：11-23.

[149] Lemy F., Hadjigeorgiou J. Discontinuity trace map construction using photographs of rock exposures [J]. Rock Mechanics and Mining Sciences，2003，(40)：903-917.

[150] Ferrero A. M., Forlani G., Roncella R., et al. Advanced geostructural survey methods applied to rock mass characterization [J]. Rock Mechanics and Rock Engineering，2009，42 (4)：631-665.

[151] Deb D., Hariharan S., Rao U. M., et al. Automatic detection and analysis of discontinuity geometry of rock mass from digital images [J]. Computers and Geosciences，2008，34：115-126.

[152] 周春霖，朱合华，赵文. 双目系统的岩体结构面产状非接触式测量方法 [J]. 岩石力学与工程学报，2010，29 (1)：111-117.

[153] 李术才，刘洪亮，李利平，石少帅，张乾青，孙尚渠，胡杰. 基于数码图像的掌子面岩体结构量化表征方法及工程应用 [J]. 岩石力学与工程学报，2017，36 (01)：1-9.

[154] 郝杰，侍克斌，陈功民，白现军. 有限长迹线块体理论及其在围岩块体滑落概率分析中的应用 [J]. 岩石力学与工程学报，2014，33 (07)：1471-1478.

[155] 张子新，孙钧. 三峡高边坡关键分形块体的概率分析 [J]. 同济大学学报，1998，26 (3)：335-339.

[156] 赵文. 块体理论中关键块滑落的概率分析 [J]. 中国有色金属学报, 1998, 8 (2): 356-359.

[157] 傅鹤林. 用节理概率模型对块体理论的修正 [J]. 矿业研究与开发, 1996, 16 (1): 65-67.

[158] 吴世伟. 结构可靠度分析 [M]. 南京: 河海大学出版社, 2002.

[159] Goodman R. E., Shi GH. Block theory and its application to rock engineering [M]. PRENTICE-HALL, INC., Englewood Cliffs, New Jersey. 07632.

[160] 苏国韶. 高地应力下大型地下洞室群稳定性分析与智能优化研究 [D]. 武汉: 中国科学院武汉岩土力学研究所, 2006.

[161] Rasmussen CE., Williams CKI. Gaussian processes for machine learning [M]. London: The MIT Press, 2013.

[162] 吕震宙, 冯蕴雯, 岳珠峰. 改进的区间截断法及基于区间分析的非概率可靠性分析方法 [J]. 计算力学学报, 2002, 19 (3): 260-264.

[163] 曹文贵, 张永杰. 基于区间组合法的边坡稳定非概率模糊可靠性分析方法 [J]. 土木工程学报, 2007, 40 (11): 64-69.

[164] Juang C., Wang L., Liu Z., et al. Robusr geotechnical design of drilled shafts in sand: new design perspective [J]. Journal of Geotechnical and Geoenvironmental Engineering, 2013, 139 (12): 2007-2019.

[165] Juang C., Liu Z., Atamturktur H. S. Reliability-based robust geotechnical design of retaining walls [C] //Sound Geotechnical Research to Practice. San Diego: ASCE, 2012.

[166] Juang C., Wang L., Hsieh H. S., et al. Robusr geotechnical design of braced excavations in clays [J]. Structural Safety, 2014, 49: 37-44.

[167] Wang L., Juang C., et al. Reliability-based design of rock slopes-A new perspective on design robustness [J]. Engineering Geology, 2013, 154 (2): 56-63.

[168] Ben-Haim Y. Uncertainty, probability and information-gaps [J]. Reliability Engineering and System Safety, 2004, 85 (1/3): 249-266.

[169] Ben-Haim Y. Information-gap decision theory: decisions under severe uncertainty [M]. 2nd Ed. San Diego: Academic Press, 2006.

[170] Ben-Haim Y. Value-at risk with Info-Gap uncertainty [J]. The Journal of Risk Finance, 2005, 6 (5): 388-403.

[171] 黄宏伟, 龚文平, 庄长贤, 等. 重力式挡土墙鲁棒性设计 [J]. 同济大学学报(自然科学版), 2014, 42 (3): 378-384.

[172] 苏永华, 李翔. 基于 Info-Gap 理论的地下结构稳健性分析方法 [J]. 岩土工程学报, 2011, 33 (2): 227-233.

[173] 中华人民共和国国家标准. GB 50086—2001 锚杆喷射混凝土支护技术规范 [S]. 北京: 中国计划出版社, 2001.

[174] 陈守煜, 韩晓君. 围岩稳定性评价的模糊可变集合工程法 [J]. 岩石力学与工程学报, 2006, 23 (9): 1857-1861.

[175] 曹文贵, 翟友成, 王江营, 等. 山岭隧道塌方风险的集对分析方法 [J]. 中国公路学

报，2012，(2)：90-99.
- [176] 李术才，石少帅，李利平，等. 山岭隧道塌方风险评价的属性识别模型与应用 [J]. 应用基础与工程科学学报，2013，21 (1)：148-156.
- [177] 朱. 弗登博格，让. 梯若尔. 博弈论（姚洋校，黄涛，译）[M]. 北京：中国人民大学出版社，2010.
- [178] 聂卫平，徐卫亚，周先齐. 基于三维弹塑性有限元的洞室稳定性参数敏感性灰关联分析 [J]. 岩石力学与工程学报，2009，28 (增2)：3885-3893.
- [179] 王辉，陈卫忠. 嘎隆拉隧道围岩力学参数对变形的敏感性分析 [J]. 岩土工程学报，2012，34 (8)：1548-1553.
- [180] 蒋嵘，李德毅，陈晖. 基于云模型的时间序列预测 [J]. 解放军理工大学学报，2000，1 (5)：13-18.
- [181] 赵洪波，冯夏庭. 位移反分析的进化支持向量机研究 [J]. 岩石力学与工程学报，2003，22 (10)：631-633.
- [182] Seeger M. Gaussian processes for machine learning [J]. International Journal of Neural System，2004，14 (2)：69-106.
- [183] 臧秀平，阮含婷，李萍，等. 岩体分级考虑因素的现状与趋势分析 [J]. 岩土力学，2007，28 (10)：2246-2248.
- [184] 冯卫星，况勇，陈建军. 隧道坍方案例分析 [M]. 成都：西南交通大学出版社，2002.
- [185] 张文，陈剑平，苑晓青，等. 基于三维裂隙网络的RQD尺寸效应与空间效应的研究 [J]. 岩石力学与工程学报，2012，31 (7)：1437-1445.
- [186] Bieniawski Z. T. Engineering classification of jointed rock masses [J]. Transaction of the South African Institution of Civil Engineering，1973，15 (12)：335-344.
- [187] 李晓红，王宏图，贾剑青，等. 隧道及地下工程围岩稳定性及可靠性分析的极限位移判别 [J]. 岩石力学与工程学报，2005，26 (6)：850-854.
- [188] 朱永全，张素敏，景诗庭. 铁路隧道初期支护极限位移的意义及确定 [J]. 岩石力学与工程学报，2005，24 (9)：1594-1598.
- [189] 张志强，何本国，关宝树. 节理岩体隧道围岩稳定性判定指标合理性研究 [J]. 岩石力学与工程学报，2012，49 (1)：12-19.
- [190] 中华人民共和国行业标准. JTG/T F 60—2009 公路隧道施工技术细则 [S]. 北京：人民交通出版社，2009.
- [191] 陈昌彦，王贵荣. 各类岩体质量评价方法的相关性探讨 [J]. 岩石力学与工程学报，2002，21 (12)：1894-1900.
- [192] Goodman R. E. RQD and fracture spacing [J]. Journal of the Geotechnical Engineering Division，1980，106 (1)：191-193.
- [193] 贺鹏，李术才，李利平，张乾青，许振浩. 基于数据挖掘的隧道围岩变形响应预测与动态变更许可机制 [J]. 岩石力学与工程学报，2017，36 (12)：2940-2953.
- [194] He P，Li SC，Xiao J，et al. Shallow sliding failure prediction model of expansive soil slope based on Gaussian process theory and its engineering application [J]. KSCE Journal of Civil Engineering，2017，(5)：1-11.